MISTER,
¿Por qué nosotros?

Armando Ramiro Jimenez Arana

D1385091

Para pedidos de copias adicionales de este libro, por favor contacte con:
Palibrio
1663 Liberty Drive
Suite 200
Bloomington, IN 47403
Gratis desde EE. UU. al 877.407.5847
Gratis desde México al 01.800.288.2243
Gratis desde España al 900.866.949
Desde otro país al +1.812.671.9757
Fax: 01.812.355.1576
ventas@palibrio.com
451938

DATOS DEL AUTOR

Armando Ramiro Jiménez Arana, ingeniero industrial, egresado de la Universidad Nacional "Federico Villarreal" de Lima-Perú.

Nacido en el Puerto de Salaverry, provincia de Trujillo, región de La Libertad País-Perú, en estos momentos sin actividad económica.

Desde hace mucho tiempo ha escrito sugerencias a las autoridades de gobiernos y entidades públicas de diferentes países pensando en esos miles de millones de seres humanos víctimas del poder económico que los esclaviza y los mata de hambre; ya que toda persona responsable debe poner un granito de arena para una posible solución. Fundador y presidente de la Asociación de Peruanos Residentes Unidos - España Madrid (APERU-EM), fundada el 09 de octubre de 1999 en Madrid-España.

DEDICATORIA

Dedico estas sugerencias a los miles de millones de seres humanos que sufren por haber nacido en un lugar equivocado y en un tiempo donde domina el gran capital o sistema llamado neo-capitalismo (neo-liberalismo) esclavizante, donde el hambre y la muerte los acecha desde el momento mismo de su nacimiento.

Pido a las autoridades actuales y a los futuros gobernantes que la prioridad de sus gobiernos sean estos seres humanos indefensos porque lo ideal sería que la riqueza de este mundo se repartiera equitativamente entre todos los seres humanos.

También esta obra va dedicada a mi esposa Nieves, a mis hijos María Nieves, Zunilda Rosaura y Armando Ernesto porque formamos una familia muy unida, esforzada y respetuosa con nuestros congéneres.

INTRODUCCIÓN

El contexto de esta obra va dirigido a futuros gobernantes y, en general, a todos los seres humanos desprotegidos y avasallados por el gran capital para que en épocas electorales de sus respectivos países sepan deslindar y/o elegir a sus autoridades no por lo personal ni por lo que manifiestan, sino por el programa de gobierno que deben exponer y/o presentar antes de las elecciones. Los candidatos que pretendan asumir la gestión de un gobierno deben tener capacidad profesional, conocimientos vastos de la realidad de su país y una idea profunda del complejo mundo socioeconómico financiero.

A todos ellos van dirigidas estas sugerencias para que no se equivoquen al elegir a sus gobernantes, ya que de lo contrario asumirán y sufrirán las consecuencias. Las mismas tienen como fin dar algunos elementos y conocimientos necesarios para abordar los problemas socio-económicos financieros que aquejan a la humanidad denunciando abusos y proponiendo ciertas soluciones que, desde mi punto de vista, pueden ser viables.

ÍNDICE

DATOS DEL AUTOR iii

DEDICATORIA iv

INTRODUCCIÓN v

PRÓLOGO X

¿POR QUÉ?...2

DECALOGO PARA UN MUNDO MEJOR 13

CAMBIOS EN EL SISTEMA, SOLUCIONES A LA CRISIS 13

EL NUEVO ORDEN DEBERIA ESTAR: 14

SUGERENCIAS 16

SISTEMA ACTUAL 18

CAMBIOS RADICALES EN LOS PARTIDOS ACTUALES..20

CONSTITUCION 22

EJERCITOS DEL MUNDO 23

CONSEJO SUPREMO NACIONAL DE SABIOS..23

CONSEJO SUPREMO DE GOBIERNO 26

LOS PODERES DEL ESTADO 27

PROCESO JUDICIAL 35

ATASCO DE LA JUSTICIA...36

TRIBUNAL INTERNACIONAL DE JUSTICIA 40

ELECCIONES EN LAS INSTITUCIONES DEL ESTADO 42

LA LEY 45

TRIBUNAL CONSTITUCIONAL...45

CONSEJO GENERAL NACIONAL DE LA ADMINISTRACION..48

EN LO ECONOMICO...49

ANILLO ECONOMICO FINANCIERO 50

CONSECUENCIAS DE LA CRISIS EN LA ECONOMIA MUNDIAL 51

POLITICA ECONOMICA DE LOS GRANDES ORGANISMOS ECONOMICOS
MUNDIALES CONTROLADOS POR LA DERECHA CAPITALISTA 52

CHINA EL GIGANTE ASIÁTICO 53

E.E.U.U. DE NORTEAMÉRICA 57

ISRAEL, DEPREDADOR DE SERES HUMANOS Y COLONIALISTA DEL SIGLO XX................60

RACISMO EN EEUU, ISRAEL Y OTROS PAISES...61

TRABAJO, ECONOMIA, EMPLEO Y SALARIOS 63

CONGELACION 64

LA DEUDA - AGUJERO ECONOMICO..64

ORÍGENES DE LOS MALES...68

MEJORAR EL PROCESO DE GESTIÓN 71

ECONOMÍA DE EXPLOTACIÓN 71

ECONOMÍA INDUSTRIALIZADA 72

ECONOMÍA Y BANCOS 72

ECONOMÍA - PRECIOS 73

ECONOMÍA – FUNCIONARIOS DE LAS GRANDES EMPRESAS.............................73

ECONOMIA SUMERGIDA 74

ECONOMÍA DE PRIVILEGIOS 74

EN LO FINANCIERO 75

LAS ENTRAÑAS PERVERSAS DEL MUNDO FINANCIERO - ESPECULADORES.................78

DELITOS 84

FUGA DE CAPITALES 85

AYUDA PARA EL DESARROLLO 85

DEUDA 86

INVERSION EXTRANJERA DIRECTA (IED) 87

LIBRE ASOCIACION DE LA UE 87

LA CANALLADA DEL NUEVO PLAN AFRICA 88

LAS CAJAS DE AHORRO 90

BANCOS 91

PARAISOS FISCALES 93

PROCESO DE RECAUDACION DE IMPUESTOS 95

ESCALAFON SUELDOS Y SALARIOS..97

AGRO - COMPOSICION DEL PRECIO DEL PRODUCTO....................................99

PEQUEÑAS EMPRESAS CON CAPITALES TRIPARTITOS 99

GRUPO 100...100

FONDO HUMANITARIO UNIVERSAL FHU 101

PARTIDOS POLITICOS – CENTRALES SINDICALES 103
EL PUEBLO SOBERANO 103
AUTOR 106
SUGERENCIAS ANTERIORES..107

PRÓLOGO

Advertir irregularidades, prevenir fraudes, sugerir alternativas, proponer soluciones y ayudas, denunciar abusos en lo socio-económico financiero del actual sistema neoliberal es importante y necesario para tratar de dar soluciones a tantos problemas que aquejan a las clases desfavorecidas.

Si estas sugerencias ayudan a resolver problemas a las clases más necesitadas, en hora buena y bienvenidas sean.

Unas sugerencias sobre la vida socio-económica financiera de la humanidad es siempre una tarea muy loable, pues tratan de ayudar a resolver problemas siempre y cuando los seres humanos desvalidos las tomen en cuenta.

Se puede decir que estas sugerencias son el resumen de otras sugerencias propuestas a gobernantes y funcionarios de países de América y del mundo. Su propósito no es crear temas sin fundamentos sino denunciar situaciones horrendas y crímenes que sufren la mayoría de seres humanos de este mundo, al mismo tiempo que proponer reformas y cambios radicales en los sistemas socio-económicos financieros actuales a nivel mundial.

Es la primera vez que hago públicas unas sugerencias porque como ser humano integrante de esta sociedad en que vivimos me siento en la obligación de denunciar estos abusos y hechos cometidos contra la mayoría de los seres humanos, porque de no hacerse estaría formando parte de esa casta de verdugos que tienen más dinero y poder político que casi toda la población mundial, que no se cansan y siempre quieren más, y mantienen a los pobres como esclavos mientras ellos son cada día más ricos, ya que cada día que pasa le arrebatan sus derechos y sus bienes a la mayoría de los seres humanos que, aun siendo mayoría, están indefensos y olvidados por sus respectivos gobernantes, que no parecen seres humanos, ni dueños de sus vidas, de sus tierras, ni de las costumbres ancestrales que les legaron sus antepasados.

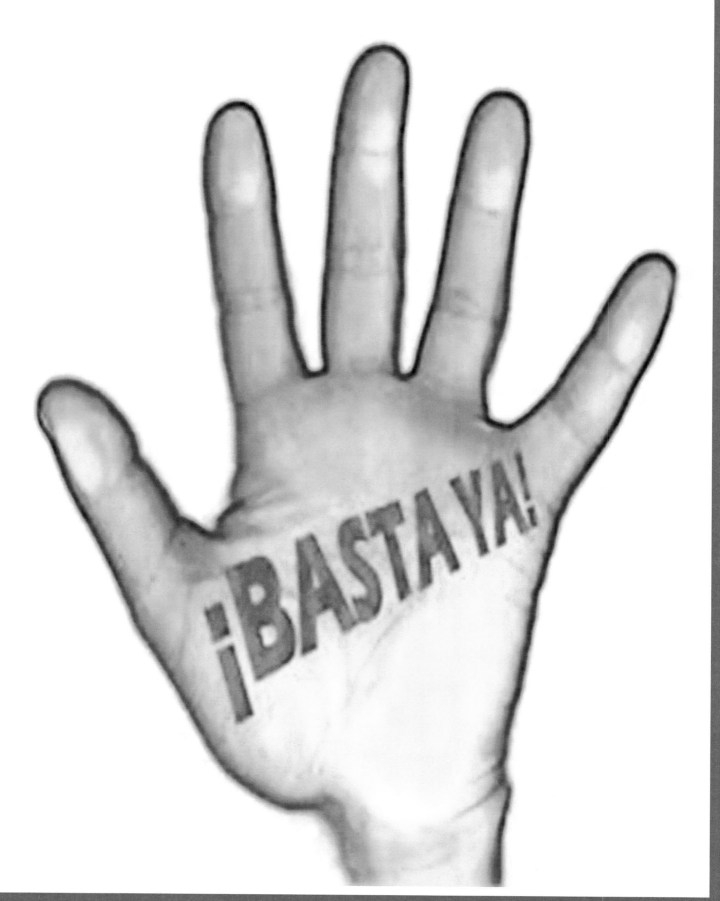

¿Por Qué?

1.-¿Por qué los sistemas socioeconómicos financieros actuales de todos los países del mundo -sean capitalistas, socialistas, comunistas- no funcionan para la mayoría de la población mundial?

2.-¿Por qué el capitalismo de Estado o empresarial solo beneficia a una pequeña parte de la población mundial?

3.-¿Por qué los capitalismos discriminan y matan de hambre a la mayor parte de la población mundial?

4.-¿Por qué no desaparecen todos los gobiernos dictatoriales que no son elegidos, o los gobiernos democráticos que rebasan la fecha para la cual fueron elegidos por sus pueblos en elecciones libres y para un tiempo determinado?

5.-¿Por qué deberíamos diseñar, crear y poner en práctica un sistema socioeconómico financiero más humanista que satisfaga las necesidades y exigencias de toda la población mundial?

6.-¿Por qué los seres humanos no gozan de absoluta libertad?

7.-¿Por qué las personas no tienen los mismos derechos y obligaciones?

8.-¿Por qué hay tanta injusticia en este mundo?

9.-¿Por qué la justicia no se imparte por igual a todas las personas?

10.-¿Por qué la justicia está politizada y sometida al capital?

11.-¿Por qué la paz en este mundo es cada vez más utópica e inalcanzable?

12.-¿Por qué las guerras las propicia la ambición de los grandes capitalistas?

13.-¿Por qué el mundo está dividido entre pobres y ricos?

14.-¿Por qué los pobres, siendo mayoría, solo pueden disfrutar de una mínima parte de la riqueza mundial?

15.-¿Por qué los ricos, siendo tan pocos, acaparan la mayor parte de la riqueza mundial?

16.-¿Por qué hay tanta pobreza en este mundo?

17.-¿Por qué el hambre azota a la mayor parte de la población mundial?

18.-¿Por qué tanto abandono del ser humano?

19.-¿Por qué los ricos son tan egoístas?

20.-¿Por qué existe tanta avaricia entre los que más tienen?

21.-¿Por qué tanta soberbia y prepotencia de los más poderosos?

22.-¿Por qué tanta promiscuidad y desorden entre los seres humanos?

23.-¿Por qué el amor se va desvaneciendo día a día entre los seres humanos?

24.-¿Por qué la unión familiar y el respeto se rompen cada día más?

25.-¿Por qué la felicidad casi no existe?

26.-¿Por qué el odio se va apoderando de la raza humana?

27.-¿Por qué somos tan insolidarios con los menos favorecidos?

28.-¿Por qué la maldad, la delincuencia y el crimen van ganando terreno entre los seres humanos?

29.-¿Por qué reina la mentira entre la mayoría de los políticos?

30.-¿Por qué la resignación y la desidia han hecho mella entre los pobres?

31.-¿Por qué tanto abuso contra los pobres?

32.-¿Por qué las drogas, el alcohol y el fracaso escolar imperan a sus anchas entre la juventud?

33.-¿Por qué se debe regular y limitar el aborto solamente a casos donde esté de por medio la vida de la madre, certificado por el médico? Los que deberían avalar este acto serían el paciente, los padres o el familiar más cercano.

34.-¿Por qué se debe regular y limitar la eutanasia solamente a casos irreversibles y sin esperanza de vida para el paciente o porque este lleva una vida artificial y de mucho sufrimiento para él y su familia y siempre certificada por el médico? El que debería avalar este acto sería el paciente, pero si no está en condiciones, un juez, los familiares más cercanos o el médico propuesto por el juez.

35.- ¿Por qué una economía global de mercado de libre comercio, de libre circulación de capitales, de deslocalización de empresas, en general, la globalización de la economía y la gestión financiera, solo beneficia a las grandes empresas transnacionales?

36.- ¿Por qué la prima de riesgo, si bancos y organismos de crédito internacionales nunca pierden? Los que pierden siempre son la mediana y pequeña empresa, el trabajador, las familias, el pueblo. Estos organismos de crédito nunca están conformes con lo que ganan, siempre quieren más, hasta tal punto que provocan las crisis económicas financieras a nivel mundial para seguir enriqueciéndose y recortando los beneficios de los trabajadores y del Estado?

37.- ¿Por qué los gobernantes de todos los países no solucionan primero los problemas económicos financieros de sus respectivos países?

38.- ¿Por qué existen los paraísos fiscales y el secreto bancario y a quiénes encubren o benefician?

39.- ¿Por qué la banca y entidades financieras de ciertos países acogen grandes cantidades de dinero de empresarios, funcionarios, gobernantes de otros países, sin saber ni averiguar su procedencia?

40.- ¿Por qué los medios de comunicación en el mundo están en manos de grandes monopolios?

41.- ¿Por qué las administraciones de todas las instituciones y empresas de un país no son independientes de todo poder económico, político, etc.?

42.- ¿Por qué las administraciones de todas las instituciones y empresas de un país no se rigen por las normas profesionales legales, morales, constitucionales, éticas y de buenas costumbres?

43.- ¿Por qué se tiene que lucrar con la salud, la educación y los servicios básicos del pueblo?

44.- ¿Por qué no se estatalizan la salud, la educación y los servicios básicos?

45.- ¿Por qué no se crea un idioma universal para todos los países del mundo?

46.- ¿Por qué hay sueldos cientos de veces superiores al mínimo?

47.- ¿Por qué no se regulan, se estandarizan, los sueldos y salarios, según estudios, riesgos en el trabajo, horarios, experiencia, mediante un escalafón?

48.- ¿Por qué en los países ricos en materias primas su población tiene que pasar hambre?

49.- ¿Por qué los gobernantes de países ricos en materias primas viven una vida de lujos, placeres y cuentas millonarias en paraísos fiscales?

50.- ¿Por qué en países ricos hay mucha gente pobre?

51.- ¿Por qué no se distribuyen equitativamente la riqueza y los beneficios económicos en todo el mundo?

Pobreza - Hambre - Miseria

52.- ¿Por qué las grandes distribuidoras del sector agroalimentario y las grandes superficies comercializadoras de productos perecederos tienen una influencia directa sobre los precios finales de los productos frescos alimentarios y no la tienen los productores?

53.- ¿Por qué los gobiernos no elaboran tablas porcentuales para la agricultura, ganadería, pesca, etc. , que especifiquen la composición del precio de los productos, indicando a todos los sectores que intervienen en él el porcentaje que les corresponde por intervenir en la producción y comercialización de estos productos para que el reparto de las ganancias sea equitativo?

54.- ¿Por qué las grandes superficies comerciales se van incrementando aceleradamente en detrimento de las pequeñas y medianas superficies?

55.- ¿Por qué no se cambia la mentalidad que se tiene de la propiedad de una empresa por codueños entre el Estado, el capital y los trabajadores de la empresa?

56.- ¿Por qué de los tres componentes activos de una empresa los que aportan capital dinero tienen que ser dueños de la empresa si los trabajadores que aportan capital trabajo, sin los cuales no hay producción, ya que es la parte activa de cada empresa, el Estado como representante del pueblo, único dueño de las riquezas de un país, y el gobierno como administrador de esas riquezas, son los que permiten y facilitan las actividades económicas de las empresas?

57.- ¿Por qué las grandes empresas y consorcios tienen que explotar y comercializar las riquezas naturales en todo el mundo?

58.- ¿Por qué los Estados como empresarios universales de las riquezas de un país y los gobiernos como administradores no intervienen directamente en la explotación y comercialización de las riquezas naturales de sus países?

59.- ¿Por qué las ganancias de la explotación y comercialización de las riquezas naturales de un país no se reparten equitativamente entre el gobierno de la nación, el gobierno regional y el capital nacional o extranjero?

60.- ¿Por qué los bancos, las cajas de ahorro, las entidades financieras y de crédito no cobran un interés fijo al capital prestado y prorrateado en el tiempo de cancelación del préstamo ya que los intereses que cobran actualmente estas entidades son altísimos y muy variables?

61.- ¿Por qué los bancos, las cajas de ahorro, las entidades financieras y de crédito cuando uno hace un préstamo tienen que recurrir a otra entidad financiera mayor, elevando los intereses del préstamo (Euríbor)?

62.- ¿Por qué tienen que incluir el Euríbor las entidades financieras y de crédito en los préstamos que hacen las personas o entidades si no hay una ley específica para el caso?

63.- ¿Por qué las entidades financieras y de crédito no tienen un capital de trabajo propio, como toda empresa, para poder atender los préstamos que son su especialidad?

64.- ¿Por qué a las grandes empresas y entidades financieras y de crédito no se les controla como es debido ya que en muchos casos no pagan impuestos como es la obligación de todos?

65.- ¿Por qué las cajas de ahorro se están desviando de la misión para la que fueron creadas, velar por el bienestar socioeconómico y crediticio dentro de su región y ser instituciones sin ánimo de lucro? Si quieren intervenir en la gestión económica y financiera a nivel nacional e internacional tienen que renunciar a ser cajas y convertirse en bancos para poder endeudarse y recibir créditos de organismos crediticios internacionales y convertir su capital en acciones y sacarlas a la venta al mejor postor. Las cajas de ahorro serían las únicas que recibirían dinero para gastos y pagos del Estado dentro de la región. Al no haber una banca pública, las cajas de ahorro deben tomar ese lugar en la economía de cada región.

66.- ¿Por qué a las obras realizadas con capital estatal, regional o municipal no se les controla antes, durante y después de ser ejecutadas?

67.- ¿Por qué las grandes empresas particulares cuyos empresarios se dan a la quiebra o en suspensión de pagos no presentan balances que se puedan verificar, ni dicen y demuestran dónde están esos miles de millones ganados antes de la crisis? Se debería nombrar una comisión de técnicos para que investiguen las cuentas de esas empresas, bienes personales y familiares.

68.- ¿Por qué los gobiernos cuando en dependencias o entidades del Estado hay denuncias o sospechas de corrupción o malos manejos no interviene separando a la dirección, e iniciando una investigación para deslindar responsabilidades?

69.- ¿Por qué las grandes empresas particulares pagan millones a empresas auditoras que se encargan del control de ellas mismas cuando el control es tarea del gobierno?

70.- ¿Por qué cada país no crea un organismo integrado por representantes ministeriales y por miembros de cada una de las instituciones dedicadas al control de la vida socioeconómica financiera del país para el control de las grandes empresas particulares?

71.- ¿Por qué a nivel mundial y bajo el seno de la Organización de las Naciones Unidas ONU no se crea un organismo integrado por representantes ministeriales de todos los países miembros de la ONU para estudiar y resolver todos los problemas socioeconómicos, financieros, el control de las grandes empresas a nivel internacional así como una banca con sede en todos los países miembros?

72.- ¿Por qué los gobiernos con dinero del pueblo (de los contribuyentes) tienen que solucionar problemas económicos, errores, malas gestiones y abusos de las grandes empresas particulares que explotan al trabajador y defraudan al fisco y a la Seguridad Social? Soportar a empresarios corruptos o negligentes ya es bastante para tener que pagarles sus errores.

73.- ¿Por qué no se obliga a las grandes empresas particulares, empresarios y ejecutivos corruptos a hacerse cargo de la situación que han provocado (la crisis) con su peculio y sus bienes o a que declaren con documentos dónde está el dinero ganado en años anteriores de bonanza económica? Si no lo hacen, se les debería juzgar como es debido; y si se comprueba que han cometido delito, se les debería confiscar sus bienes y encarcelarles, como se hace con los pobres: no debe haber miramientos con el gran capital.

74.- ¿Por qué no se juzga a los verdaderos responsables de esta crisis económica financiera?

75.- ¿Por qué países no democráticos y sus gobernantes no son elegidos por sus pueblos en elecciones generales libres? EEUU los protege y pone bases militares en sus territorios exhibiendo su poderío militar intimidatorio para otros países de la zona.

76.- ¿Por qué no se crea un ejército universal cuyos integrantes serían todos los ejércitos de los países del mundo y cuya base central se encontraría bajo el seno de la ONU? Un militar de máxima graduación del ejército de cada país formaría el Consejo Supremo Militar Universal. Ante cualquier incidente que afectara a la seguridad y bienestar de la población de un país, su ejército, con la anuencia o no del presidente de Gobierno, solicitaría la intervención del Consejo Supremo Militar universal quien nombraría una comisión con los diez militares de países colindantes o cercanos que viajarían de inmediato al país con problemas con la autoridad suficiente para tratar de solucionar el problema.

77.- ¿Por qué hay países como EEUU e Israel y otros que unilateralmente intervienen, invaden territorios, los dividen y se quedan con las zonas más ricas en recursos naturales, a los cuales apoyan y protegen y en ciertos casos los independizan para poder cogobernar, lucrarse y desplazar a sus verdaderos dueños o construyen asentamientos en territorios que no son suyos, matan a seres inocentes, destruyen estructuras y todo lo que es necesario para la supervivencia de los seres humanos, utilizan armas muy sofisticadas y de destrucción masiva prohibidas por convenios internacionales, no haciendo caso a las resoluciones de la Organización de las Naciones Unidas (ONU) y poniendo gobernantes títeres que les convienen para sus intereses, se llevan las riquezas naturales de los países sometidos y al final, como justificación abominable, están defendiendo la democracia y la paz del mundo por lo cual se merecen el Nobel de la paz?

78.- ¿Por qué otros países tienen que pagar por los destrozos y crímenes cometidos por EEUU, Israel y otros en países invadidos?

79.-¿Por qué en el seno de la Organización de las Naciones Unidas (ONU) no se forma una comisión de la verdad sobre crímenes de guerra de gobiernos invasores, dictatoriales y militares, golpistas, para que investiguen los hechos sin odio ni venganza, para que se esclarezca toda la verdad y se obvie la inmunidad, las leyes de amnistía de los gobiernos o caducidad de los delitos a equis años y se les haga responsables y paguen por las matanzas indiscriminadas, los represiones cometidas contra los seres humanos y así revertir una política de silencio que siempre se crea alrededor de estos casos, especialmente cuando el que comete el delito es poderoso económicamente? Esta comisión emitiría un informe sobre cada caso que se sometería a la Asamblea General de la ONU para su posible sometimiento a la Corte Internacional de la Haya (reformada y sometida bajo el seno de la ONU), para su juzgamiento. Los gobiernos que apoyan a gobiernos invasores, crímenes de guerra, dictaduras y a militares golpistas deberían ser juzgados igual que todos ellos.

80.- ¿Por qué la ONU en la Asamblea General no se pone fuerte y exige a los países invasores y colonialistas que se retiren de los territorios ocupados inmediatamente y paguen daños y perjuicios a los países invadidos?

81.- ¿Por qué la ONU no forma comisiones o grupos multinacionales para intervenir directa y oficialmente en las elecciones generales de todos los países miembros?

82.- ¿Por qué la estructura de la Organización de las Naciones Unidas (ONU), y en especial la de su Consejo de Seguridad que está formado por los países más poderosos del planeta, está diseñada para defender los intereses de los países y de las empresas más poderosas económicamente del mundo?

83.- ¿Por qué EEUU, Israel y otros países no hacen caso a las resoluciones de la Organización de las Naciones Unidas y a otros países se les exige que las cumplan bajo amenaza de sanciones o intervenciones militares ordenadas por el Consejo de Seguridad de la ONU, y algunas veces las decisiones son unilaterales?

84.- ¿Por qué no se hace una reorganización total y urgente de la Organización de las Naciones Unidas?

85.- ¿Por qué países como EEUU, Rusia, Francia, Canadá, Israel y otros tienen miles de misiles con cabezas nucleares y se oponen a que otros países los tengan aduciendo que es por la seguridad de la humanidad?

86.- ¿Por qué tantas bombas atómicas o nucleares, si con unas cuantas pueden convertir el mundo en un infierno?

Desgracia humana

87.- ¿Por qué no se concentra todo lo relacionado con las bombas atómicas, energía nuclear, viajes espaciales y el cosmos, en lugares aislados de las grandes urbes del planeta que no pertenezcan a ningún país? Todos los países del mundo podrían aportar capital, personal, técnicos y científicos para investigar y desarrollar tecnologías relacionadas con estas actividades, y así aprovechar estos recursos en bien de la humanidad. De este modo, el daño a los seres humanos y al medio ambiente sería mínimo y los logros que se obtuviesen serían beneficiosos y alcanzarían a todos los seres humanos.

88.- ¿Por qué las grandes potencias económicas gastan miles de millones en material de guerra y lo emplean contra pueblos indefensos por codicia, avaricia o ansias de poder, si podrían gastar un mínimo en matar el hambre de esos millones de seres humanos que están hundidos en la pobreza?

89.- ¿Por qué países poderosos económicamente producen armas sofisticadas y las venden a países en conflicto, tanto interno como externo, a gobiernos tiranos y corruptos que esclavizan y oprimen a unos pueblos cuyos habitantes se mueren por falta de lo indispensable para vivir?

90.- ¿Por qué las grandes potencias económicas no cumplen los convenios internacionales sobre contaminación, cambios climáticos, reducción del monóxido de carbono CO_2 de la atmósfera, siendo ellos los mayores contaminantes? La ONU en la Asamblea General debe obligarles a que las cumplan.

91.- ¿Por qué las grandes potencias económicas y las más contaminantes, a pesar de ser consientes del peligro y las desgracias que ocasiona el cambio climático, por la contaminación del aire, mar y tierra que conlleva a la degradación del medio ambiente, hecha por las grandes industrias, las guerras con sus armas contaminantes y la lujosa y placentera vida que lleva una mínima parte de la población mundial, no hacen nada que vaya en detrimento de sus intereses económicos?

92.- ¿Por qué no se unen los países productores de materias primas y productos energéticos y acuerdan precios justos para sus productos, ya que son bienes escasos, finitos y un respaldo económico de futuro para sus habitantes? Así no dejarían que el precio intervenga de forma abusiva en los grandes consorcios financieros y podría jugarse con la ley de la oferta y demanda, buscando siempre el mejor beneficio

93.- ¿Por qué los países productores de materias primas y productos energéticos no asumen la tarea de explotación y comercialización de estos materiales en lugar de dar concesiones a empresas transnacionales particulares y dejan de pensar en que el gobierno no es un buen administrador?

94.- ¿Por qué la deslocalización de las grandes empresas de un país a otro, sin motivo aparente pero con una única finalidad: la codicia, la ambición desmedida de ganar más dinero fácilmente, sin tener en cuenta al trabajador que queda en el paro, a la familia sin ningún ingreso y al gobierno de la nación sin recursos?

95.- ¿Por qué los gobiernos no toman medidas contra estas empresas que se desplazan al extranjero, sin tener en cuenta el daño al trabajador, a la familia y al gobierno sin recursos económicos no permitiéndoles la entrada de sus productos fabricados fuera del país o subiéndoles los impuestos a dichos productos, en general a todos los productos que vienen del extranjero, para obligar a las empresas transnacionales a producir y comercializar sus productos dentro de cada país, dando trabajo y aumentando el consumo en bien del país?

96.- ¿Por qué la Organización de las Naciones Unidas en Asamblea General no define y hace saber a todos los países del mundo, especialmente a las grandes naciones económicas, lo que es una nación, un país, un Estado, un gobierno, sus límites, sus responsabilidades y sus obligaciones con el resto de los países del mundo, cuáles son los espacios tanto en tierra, mar y aire libres de uso común para todos los países para que se les dé uso en beneficio de todos los seres humanos?

97.- ¿Por qué la ONU en Asamblea General no nombra una comisión permanente para que acoja en su seno, estudie y analice todos los problemas limítrofes de los países y redacte un informe cuando sea necesario para que se discuta en el pleno de la Asamblea General con la posible intervención de la Corte Penal Internacional (Tribunal de la Haya)?

98.- ¿Por qué los beneficios de la explotación de las materias primas y bienes de consumo en espacios libres del planeta no se reparten por igual entre la ONU, la lucha contra la contaminación del planeta, y el capital privado en partes iguales? Para este fin la ONU crearía un banco con sede en todos los países miembros para recaudar estos beneficios y otros, como los del Fondo Humanitario Universal (FHU) y el pago del porcentaje de las grandes industrias particulares por contaminación.

99.- ¿Por qué se permite a la Agencia de Inteligencia de EEUU (CIA) y a otras instituciones de investigación y espionaje actuar fuera de los límites de sus propios países? Sí debe haber una organización de inteligencia internacional bajo el seno y mandato de la ONU.

100.- ¿Por qué no se reforma la Corte Penal Internacional (Tribunal de la Haya) o se forma otra bajo el seno de la ONU que juzgue por igual a todos los que hayan cometido crímenes de guerra o matanzas en sus pueblos?

101.- ¿Por qué la Organización de las Naciones Unidas no controla la producción, circulación y comercialización de materiales radioactivos a nivel mundial?

102.- ¿Por qué las empresas particulares que explotan las materias primas y productos energéticos de ciertos países con gobiernos corruptos se valen de ciertas artimañas para evadir impuestos y no pagar el precio justo por estos productos perjudicando al país productor al vender, por ejemplo, los productos explotados a sus filiales en el extranjero a precios ínfimos para después revenderlos a precios mucho más altos? Obtienen así una mayor utilidad y al mismo tiempo evaden impuestos en detrimento del país productor, también cuando pagan al país productor un precio mínimo por su producto, cuando es al pie del lugar de producción y no como es legal que debe ser a precio de mercado.

103.- ¿Por qué los gobiernos en general a nivel mundial son verdaderos títeres frente al gran capital y su sistema neoliberal, que han convertido a la humanidad en un verdadero caos, y por qué a los capitalistas se les permite desarrollar un libertinaje en la economía mundial que les favorece y beneficia?

104.- ¿Por qué la esclavitud y la explotación infantil en el mundo, niños soldados, niñas en la esclavitud y turismo sexual, en exclusión, aislamiento, marginación dentro de la sociedad, tratos abusivos físicos y humillantes? Lo peor es el silencio sepulcral, la falta de denuncias de la sociedad y la impunidad ante los hechos delictivos. La esclavitud en el mundo debe desaparecer para siempre; basta de agresiones y manipulaciones como hoy sufre la infancia en todo el mundo. En esta labor deben intervenir la ONU, los gobiernos, las grandes fortunas, fundaciones, ONG y asociaciones para formar un Fondo Humanitario Universal (FHU).

105.- ¿Por qué la emigración de los talentos de los países empobrecidos a países industrializados? Es una forma de sustracción de bienes de los países pobres ya que cada año profesionales formados en países pobres emigran en busca de mejores oportunidades para residir y prestar sus servicios profesionales. Es la otra cara de la inmigración donde los individuos vienen a establecerse para buscar oportunidades de trabajo no clasificado. La emigración es otra forma de robar los bienes a los países pobres para beneficiar a países ricos. Una ley para todos los países, si los profesionales tienen trabajo en su país, no tendrían por qué emigrar, ni siquiera por mejoras salariales.

106.- ¿Por qué la reforma laboral siempre la piden las grandes empresas? ¿Es que no se cansan de quitar los derechos y beneficios a los trabajadores más pobres e indefensos? Ni los gobiernos anteriores ni los actuales están de parte del trabajador. La reforma laboral debe abarcar a todos los trabajadores en general, desde el obrero más humilde hasta el jefe de gobierno o en su caso el rey, pasando por los máximos directivos y funcionarios de primer nivel. Si hay que sacrificarse en épocas de crisis y beneficiarse en épocas de bonanza económica debe ser para todos por igual.

107.- ¿Por qué el gobierno de una nación y las religiones no son compatibles? Todo gobierno de una nación debe ser no confesional laico, el gobierno debe velar por el bienestar material, económico e intelectual de todos los habitantes de la nación mientras la religión es el conjunto de creencias o dogmas acerca de una divinidad y debe velar por el bienestar espiritual de las personas o adeptos, obligación de conciencia, cumplimiento de un deber. En toda nación hay diversidad de religiones, cada una con sus creyentes. Es por eso que el gobierno de una nación no podría subvencionar a una de ellas, dejando de lado a las demás ya que crea discordia entre la población. Hay religiones que intervienen en lo económico financiero de una nación descuidando lo espiritual que es la virtud que mueve a dar a Dios el culto debido.

108.- ¿Por qué en el deporte a nivel mundial especialmente en el fútbol los dirigentes se enquistan, y se eternizan en los cargos por muchos años creando pequeños grupos de poder que dominan todos los estamentos del deporte en general a nivel mundial? Se permite de este modo la corrupción y los malos manejos de los dirigentes en la concesión y realización de los mundiales y competiciones internacionales y nacionales y la influencia total de los dirigentes sobre los árbitros que no hacen más que obedecer las órdenes del dirigente. Los gobiernos de las federaciones nacionales e internacionales y los que dirigen los mundiales deben renovarse cada cierto tiempo, al igual que las demás entidades del Estado porque estas federaciones no son una isla dentro del estado del derecho de una nación, tienen que someterse a las obligaciones y derechos que tienen todas las instituciones del Estado. Esta actitud dirigencial trae como consecuencia hechos lamentables para el deporte, engendra el descontento, odio y la violencia entre los deportistas, los dirigentes y los aficionados que son los que sostienen el deporte. Todos los países tienen derecho a organizar torneos internacionales y mundiales. Tiene que haber un calendario que incluya a todos los países del orbe para estos eventos. Los organismos del deporte mundial tendrían que apoyar técnicamente y económicamente a los países pobres para que sean sedes, organicen y realicen en sus territorios estos eventos mundiales. Debe darse preferencia a países que nunca han organizado eventos internacionales y principalmente a candidaturas conjuntas de dos o tres países. Estos eventos llevan muchos beneficios a las naciones donde se realizan, como culturales, económicos y estructurales, muy necesarios para una nación pobre. La Federación Internacional de Fútbol Asociado (FIFA) siempre opta por las propuestas más fuertes en el plano monetario, tiene que haber un control estricto de parte de los gobiernos sobre las federaciones (Consejo Supremo Nacional de Sabios) y sobre los organismos a nivel mundial (ONU).

109.- ¿Por qué toda ayuda que se supone a países subdesarrollados es una máscara y un ardid de las grandes empresas internacionales y de los países industrializados? La ayuda es para hacer infraestructuras, para poder extraer las materias primas en condiciones de comodidad favorable a ellos, para los servicios de seguridad de ellos mismos, ya que las ayudas sirven para entrenar a militares y policías a los cuales les entregan materiales de guerra, vehículos militares que muchas veces se utilizan contra la población indefensa que reclama sus derechos y salarios. Al final para el desarrollo del país nada, todo queda igual.

110.- ¿Por qué con países miembros de la ONU no se forma un grupo sólido (GXXX), tomando como base a países productores de materias primas y productos energéticos para hacer frente a la ambición desmedida, a la soberbia, a la prepotencia, a la avaricia, a la mentira y a los abusos de países poderosos? En este grupo también entrarían países que estén dispuestos a cambiar de un modo radical el orden socioeconómico financiero a nivel mundial, ya que los sistemas actuales no satisfacen las necesidades y exigencias de la gran mayoría de la población mundial. Deben fijarse las pautas que han de regir este cambio y hacer frente a los actuales grupos poderosos que dominan la Organización de las Naciones Unidas.

DECALOGO PARA UN MUNDO MEJOR

● Míster rico, el señor pobre no es un mendigo.

● Míster rico, deja ya de matar; el señor pobre tiene derecho a la vida.

● Míster rico, devuelve lo robado al señor pobre.

● Míster rico, tu obsesión por el dinero hace infeliz al señor pobre.

● Míster rico, deja de mentir; el señor pobre necesita la verdad sobre su destino.

● Míster rico, el mundo no es tuyo; es también del señor pobre.

● Míster rico, tienes mucho dinero; pero el señor pobre tiene mucha dignidad.

● Míster rico, explotar da mucho dinero; el señor pobre necesita un poquito para vivir con humildad.

● Míster rico, quién te eligió como amo; el señor pobre no es un esclavo.

● Míster rico, ¿cómo pides respeto, si tú no respetas al señor pobre?

CAMBIOS EN EL SISTEMA, SOLUCIONES A LA CRISIS

Debe cambiarse el sistema socioeconómico financiero actual para que beneficie equitativamente a todos los seres humanos. Esta crisis nos ratifica por enésima vez que estos sistemas han fracasado rotundamente, que no funcionan para la gran mayoría de los seres humanos. Si la derecha o el gran capital dicen lo contrario, mienten como siempre.

El comunismo, así como los gobiernos monárquicos y dictatoriales, el poder político, económico financiero y militar, radican en la cúpula del gobierno que es un pequeño grupo oligárquico que oprime al pueblo.

El capitalismo liberalismo democrático (libertinaje democrático), el poder político, económico financiero, reside en las grandes empresas que dominan la economía mundial descuidando necesidades y negando derechos al ser humano y la familia, que es la base de la sociedad en la que vivimos.

Para cambiar el sistema actual se requiere una revolución socioeconómica financiera y cultural, pacífica y ordenada en todos los sentidos que evite al pueblo más sufrimiento. Para ello se tendría que diseñar, crear y poner en práctica un sistema universal, un nuevo orden social, económico financiero, cultural y político más humanista que tenga como ideal prioritario al ser humano y a la familia: su salud, alimentación, vestido, casa, educación, libertad, justicia y, sobre todo, su bienestar

socioeconómico y laboral; que se les reconozca todos sus derechos como seres humanos; que se compartan equitativamente las riquezas de este mundo dejando de lado el egoísmo, la soberbia, la prepotencia de los poderosos para poder erradicar la pobreza, el hambre, las injusticias de este mundo. Nuestra obligación como seres humanos integrantes de este mundo es unirnos en torno a los problemas que aquejan a la humanidad y compartir lo más que se pueda los bienes y las riquezas disponibles de este mundo.

Hay que plantear un nuevo orden social, económico, financiero, cultural y político que mejore la vida del ser humano. Es difícil, pero necesario.

El crecimiento socioeconómico con equidad, la justicia social y la creación del empleo son vitales para el bienestar de la humanidad. Debe haber un cambio en la política para desterrar la corrupción, el aprovechamiento del poder y la politización de la justicia, un cambio en el manejo del Estado para que se realice la desprivatización de la salud, de la educación y de los servicios básicos.

En general, un cambio en la política para que el Estado deje de ser un feudo de tecnócratas y burócratas.

El nuevo orden debe defender los intereses de las grandes mayorías desprotegidas y no los intereses de las grandes empresas, de los grandes capitales, como sucede en la actualidad.

Se precisa un cambio para evitar el desmantelamiento del Estado y el abandono de su rol protector, regulador, distribuidor y controlador de las riquezas del país.

Un cambio para evitar el estancamiento de la inversión pública ya que la privada está ganando terreno aceleradamente.

El nuevo orden debe garantizar las libertades y los derechos de los ciudadanos que les han sido arrebatados y negados por mucho tiempo.

Entonces, busquemos ese sistema o nuevo orden con participaciones activas de todos los seres humanos. Que la salud, el alimento, la educación y el trabajo sean un derecho de todos, que la renta pública se distribuya más equitativamente, que la Seguridad Social sea más eficiente y esté al alcance del trabajador y de su familia, que la educación sea gratuita y obligatoria en los primeros y segundos años de estudio, y que se genere una industria y una agricultura capaz de abastecer a toda la población de su país.

La economía de los países para que crezca sana y sólida debe planificarse desde los cimientos, desde la base que es el ser humano, la familia, el pueblo, el país y el mundo para que pueda soportar cualquier crisis sin afectar mayormente a los más pobres.

EL NUEVO ORDEN DEBERIA ESTAR:

A favor de las libertades y de los derechos de los seres humanos, la justicia y la paz en el mundo.

Contra las guerras y abusos de los ricos a los pobres, contra las injusticias, la pobreza, el hambre, y el abandono de los seres humanos.

Contra el egoísmo, la avaricia, la soberbia y la prepotencia de los ricos o poderosos.

Contra la promiscuidad y el desorden de la sociedad.

Contra el odio, la maldad, la delincuencia, el crimen y la mentira entre los seres humanos.

Contra la resignación, la desidia de los pobres.

Contra la insolidaridad de los que pueden ayudar y no lo hacen.

Contra las drogas, el alcohol, y el fracaso escolar de los jóvenes.

Contra la globalización de la economía en general.

Contra los paraísos fiscales y el secreto bancario.

Contra el lucro en educación, en salud, y en los servicios sociales básicos.

Contra los sueldos y ganancias astronómicas, el fraude, la evasión de impuestos de las empresas particulares y los malos funcionarios públicos.

Contra los malos gobiernos que dilapidan las riquezas, matan de hambre al pueblo y no reparten las riquezas equitativamente.

Contra las grandes superficies comerciales que acaparan el comercio a nivel nacional.

Contra el "EURIBOR".

Contra las ayudas y subvenciones a empresas particulares con dinero del contribuyente ya que ha sido explotado por estas empresas. Se les tiene que obligar a que hagan frente a la crisis con su propio peculio y sus bienes.

Contra los capitalistas que provocaron esta crisis.

Contra las invasiones e intervenciones unilaterales de los países.

Contra la fabricación de bombas atómicas y de otro tipo de artefactos radiactivos, armas sofisticadas y de destrucción masiva, material de guerra y la venta de los mismos.

Contra la deslocalización de las grandes empresas al extranjero.

Contra la esclavitud, colonias e invasiones a países.

Contra la intervención a instituciones y territorio de un país por otro sin orden previa de la Organización de las Naciones Unidas.

Contra los gobiernos títeres que se someten al gran capital.

Contra la esclavitud y la explotación infantil en el mundo.

Contra la emigración de los talentos a países desarrollados.

A favor de la globalización de un idioma, de la salud y de la educación.

A favor de que la economía de cada país se solucione primero.

A favor del amor, de la felicidad, de la unión familiar y del respeto a las demás personas.

A favor de la independencia de las administraciones, de todas las instituciones y empresas de un país, tanto estatales como particulares, de todo el poder político, económico, etc.

A favor de estatalizar la educación, la salud, y los servicios sociales básicos.

A favor de las medianas y pequeñas superficies comerciales.

A favor de juzgar a los verdaderos responsables de esta crisis.

A favor de una reorganización total de la Organización de las Naciones Unidas (ONU).

A favor de la creación de un escalafón para regular y estandarizar los sueldos y los salarios de los trabajadores en general de cada país.

A favor de que los precios de los productos agropecuarios, en especial los agroalimentarios y perecederos, los dicte el gobierno mediante tablas porcentuales.

A favor de que el gobierno, el capital y los trabajadores sean codueños de las empresas para que cuando estas entren en crisis todos se perjudiquen por igual, y no sean únicamente los trabajadores.

A favor de que las entidades financieras y de crédito cobren un interés fijo al capital prestado.

A favor de que toda empresa, en especial las financieras y de crédito, tenga un capital de trabajo propio para evitar problemas de liquidez y que estas recurran a otras entidades elevando los intereses del préstamo.

A favor del control riguroso de las empresas particulares, especialmente de las transnacionales y de las entidades gubernamentales.

A favor de formar una comisión en el seno de la Organización de las Naciones Unidas para que investigue los crímenes de guerra y se juzgue a los responsables.

A favor de la retirada inmediata de las tropas invasoras en los territorios ocupados, y el pago de indemnizaciones por daños y perjuicios a los países invadidos.

A favor de que la Organización de las Naciones Unidas controle todo lo relacionado con materiales radiactivos.

A favor de lugares específicos, lejos de las grandes urbes, para todo lo relacionado con energía nuclear y viajes espaciales.

A favor de que todos trabajen por la descontaminación del medio ambiente y el cambio climático.

A favor de que el precio de las materias primas lo fijen los países productores.

A favor de que todo país que se encuentre bajo el seno de la Organización de las Naciones Unidas se declare democrático y convoque a elecciones generales libres cada cierto tiempo, y acate todas las decisiones de la ONU, tomadas en Asamblea General. De lo contrario se le sancionará, y de persistir en la falta, será separado de la organización.

A favor de que la ONU forme una comisión permanente para que estudie los límites de cada uno de los países miembros.

A favor de que toda organización internacional actúe bajo el seno de la ONU.

A favor de que la Corte Penal Internacional De La Haya se reforme totalmente y juzgue sin excepción a todos los que hayan cometido u ordenado crímenes de guerra.

A favor del reparto equitativo de las ganancias, debido a la explotación de materias primas en espacios libres del mundo, entre la Organización de las Naciones Unidas, Organizaciones a favor y lucha contra la contaminación del medio ambiente y el cambio climático y el capital privado que interviene.

A favor de que se forme un grupo con países integrantes de la ONU que contrarreste a los grupos de países poderosos.

A favor de que la ONU controle la producción, la circulación y la comercialización de materias radiactivas en el mundo.

A favor de la reforma laboral, sí; pero que afecte y/o beneficie a todos los trabajadores en general, en los diferentes niveles.

A favor de la separación del Estado y la Iglesia.

A favor de la renovación periódica de los dirigentes del deporte mundial.

A favor de que la ayuda de gobiernos y empresas internacionales a países subdesarrollados se asigne para el desarrollo y bienestar del país y sus habitantes, y no para una mayor explotación de estos.

SUGERENCIAS

En lo político:

La política debería ser la construcción del bien común, el bien de todas y cada una de las personas que forman la comunidad humana.

La esencia de toda política es el bien social de la humanidad.

Cuando la acción política tiene como fin el INTERÉS CORPORATIVO Y PRIVADO , entonces estamos sumergidos en la corrupción, aunque sea legal, según los políticos corruptos.

Si el Estado no aplica una buena política de justicia para todos por igual, entonces está robando la libertad y la tranquilidad de la mayoría de su población.

Actualmente en el mundo estamos viviendo una crisis económica que transparenta una evidente crisis moral de sus autoridades políticas, fraguada hace décadas. Es el abismo que separa a la elite política del pueblo.

La acción política debe significar servicio y sacrificios en beneficio del pueblo y no privilegios, influencias o preventas a favor de la elite capitalista.

Tenemos que apurar un cambio total en la política mundial para desterrar la corrupción y el aprovechamiento del poder de parte del capital.

Es necesario un cambio en el manejo del Estado para que se realice la desprivatización de los servicios públicos. En general, un cambio para que el Estado deje de ser un feudo de mafiosos y tecnócratas.

Este nuevo orden debe defender los intereses de las grandes mayorías desprotegidas y no los intereses de las empresas o grandes capitales.

Busquemos ese nuevo sistema o contrato social con participación activa de todos los ciudadanos que saque a la humanidad de la mediocridad y pobreza en la que vive actualmente y la conduzca a liberarse de ese yugo que lleva encima tanto tiempo con el fin de conseguir trabajo y bienestar para todos los humanos y una distribución de la renta mundial más justa y equitativa para todos.

Hacer la Seguridad Social más eficiente, con la aportación de todos los trabajadores, según sus ganancias y sin excepción alguna.

Educación científica aplicando nuevas tecnologías y, en lo posible, gratuita para todos los seres humanos en general.

Una industria capaz de autoabastecer al pueblo, regida por la ley de la demanda, no por la oferta.

Reorganizar el agro a nivel mundial para que todos los pueblos puedan autoabastecerse de alimentos y evitar el acaparamiento de tierras de cultivo por el gran capital para dedicarlas a la gran industria y a la construcción de viviendas en exceso, con sus consecuencias posteriores.

La industria, el comercio y el agro, darán prioridad a satisfacer las necesidades internas de cada país para evitar en lo posible las importaciones de alimentos.

La industria de cada país debe crear poco a poco una tecnología propia que satisfaga las necesidades del consumo de su país.

Las empresas han de pagar todos sus beneficios al trabajador y los impuestos correspondientes al gobierno.

Todos los seres humanos deben tener derecho a una "atención médica" en cualquier parte del mundo.

Las facultades de medicina y hospitales de los países subdesarrollados deben recibir ayuda directamente de la ONU.

Todo esto sería lo contrario del sistema actual donde la gran empresa acapara la mayor parte de los beneficios a nivel mundial.

Se precisan cambios sustanciales y fundamentales en el sistema político actual caduco y esclavizante, una nueva constitución para adaptarla a las necesidades del pueblo.

Podría elevarse a cinco los poderes del Estado: Ejecutivo, Legislativo, Judicial, Fiscalizador y Electoral, independientes y autónomos para cumplir las funciones que le asignan las Leyes del Estado y la Constitución y un severo control y sanción como consecuencia de su incumplimiento.

El Consejo Supremo de Gobierno o poder supremo estaría formado por los cinco poderes del Estado, cuya principal atribución sería la de nombrar a las más altas autoridades de los principales órganos estatales, excluyendo a los poderes del Estado; los candidatos serían propuestos por los consejos superiores de gobierno o regionales.

Un Consejo Supremo Nacional de Sabios, cuya principal atribución sería el control de los poderes del Estado, y los principales organismos estatales formarían este consejo, un profesional de cada especialidad por región. Para reformar o cambiar la constitución, este organismo sería el encargado a llamar a referéndum.

Del mismo modo, se necesitaría un nuevo proceso de recaudación de impuestos,

una administración profesional independiente, tanto en empresas particulares como estatales, un control total en las empresas particulares y estatales, la creación de empresas con capitales tripartitos y la elaboración de un escalafón de sueldos y salarios en todos los países del mundo.

En los medios de comunicación deben desaparecer los monopolios, consorcios, y corporaciones que acaparan y dirigen toda la información en el mundo, tanto escrita, visual, como oral que dan información muchas veces virtual, fecticia y mal intencionada y que influye enormemente en las decisiones que debe tomar el pueblo como consecuencia de estas informaciones.

SISTEMA ACTUAL

Es el sistema actual, llamado neocapitalismo o nuevo capitalismo, una forma de capitalismo liberal (donde impera el libertinaje de los poderosos) similar al de la Edad Media donde existía la esclavitud legalizada por los gobiernos y era tan explotador y esclavizante como el actual. El hambre es un problema de justicia distributiva.

Este sistema actual permite la explotación y la esclavitud económica de la humanidad por unos cuantos que acaparan las riquezas mediante la distribución de la renta mundial entre los más poderosos económicamente tomando como base los instrumentos monetarios, fiscales, el comercio exterior y la benevolencia de los gobiernos corruptos.

Las características principales del sistema actual son el aumento de la productividad aplicando la ley de la oferta, el aumento acelerado de los precios, que crea inflación y la intervención del Estado que apoya al gran capital de forma desleal y descuida los intereses del pueblo. El desarrollo de estos principios origina la acción de los gobiernos en apoyo desmedido a las grandes empresas nacionales e internacionales que controlan el mercado mundial y la defensa del gran capital que dirige la economía a nivel mundial, mediante organismos como la organización mundial de comercio, la banca a nivel mundial y los organismos y mecanismos de crédito a nivel mundial, lo que crea instrumentos como la globalización, el libre comercio, la libre circulación de capitales y el aprovechamiento de las nuevas tecnologías para dominar el mercado.

Todo estaría bien si estas instituciones, instrumentos y mecanismos no favorecieran exclusivamente a los más ricos.

Es algo ilógico y no natural que el pueblo sabiendo que la derecha defiende al gran capital y al sistema neoliberal hambreador y esclavizante vote por él en la mayoría de los países pobres y explotados por este sistema, dejándose llevar por sus mentiras de siempre en horas de elecciones ya que llevan siglos prometiendo el bienestar del pueblo y después de ser elegidos se olvidan de sus promesas y, lo que es peor, siguen con su política hambreadora y esclavizante contra el pueblo que los eligió sin ningún remordimiento.

Mientras no se quite el poder a las grandes empresas vendrán muchas crisis económicas y nunca tendrán la culpa los ricos que viven en una vida de lujos y excesos, sino los pobres que no tienen dinero para consumir.

Por el bien de la humanidad esto no puede seguir así por más tiempo. Busquemos un sistema político, social, económico y financiero que nos saque de la miseria en la que vivimos y nos lleve a liberarnos de la pobreza.

Los pueblos a nivel mundial de este siglo XXI deberían cuestionar y rechazar este sistema político llamado neoliberalismo o neo-capitalismo culpable de que más de mil millones de personas en el mundo estén muriendo de hambre, pues nuestros países alcanzan millones de personas sin trabajo, hay miles de millones de personas que sienten hambre en el mundo, cuando en cada país miles de trabajadores no cobran el mínimo establecido por la ley, cuando la mayoría de los contratos laborales son basura y aun así las empresas no los respetan. La casta política mundial sin excepción dispone de unos ingresos autoconcedidos inmorales, astronómicos, que ofenden a la dignidad humana empobrecida. No estamos hablando de delitos como cohechos o la malversación del dinero público, sino de ingresos al parecer legales, ya que son aprobados en las cortes por esta misma casta política indolente.

Los países a nivel mundial han dedicado billones de dinero a rescatar la banca, sin pedirle que demuestren que en verdad están en bancarrota, mientras se piden sacrificios y más sacrificios al pueblo.

Esta crisis, como todas, es una estafa contra el pueblo. Para que no ocurra esto los sueldos y salarios de todo trabajador de cada país y a nivel mundial deben estar encuadrados dentro de un escalafón y ninguno, sea del nivel político, económico profesional que sea, debería quedar fuera.

Porque hay políticos que con cotizar unos cuantos años a la Seguridad Social adquieren el derecho a la pensión máxima y por unas cuantas sesiones al mes pueden llevarse, que no es lo mismo que ganarse, mucho dinero, y casi la totalidad de sus ingresos son libres de impuestos, aparte de los regalos por los servicios prestados a las empresas privadas; y la gran mayoría de los políticos cuando dejan el cargo tienen trabajo asegurado con suculentos sueldos de empresa particulares y mucho dinero camuflado y bienes raíces. Sería interminable la lista de privilegios que supone un beneficio económico añadido al nada despreciable sueldo de un político.

Además, muchos de estos suculentos ingresos pueden ser complementados por otras actividades profesionales de asesoramiento o consultoría, aprobadas por leyes dadas por políticos beneficiados. Habiendo tanta gente sin trabajo.

Como se puede ver, todo muy transparente, muy honrado, muy democrático. Si en estos países hubiera moral, estos señores estarían en la cárcel.

La corrupción política es un cáncer para la democracia y está legalizada por leyes dadas por los mismos políticos. Cuanto más equitativas sean las sociedades y mayor sea la participación ciudadana, menor será la corrupción.

Se debe crear el Consejo de Política Exterior en todos los países miembros de la ONU que debería tomar la responsabilidad de diseñar y ejecutar la estrategia de la política exterior de cada país, elaborar un sistema, diseñar unas instituciones de política exterior efectivas y conceder a las diplomacias los medios necesarios.

Hasta ahora no se ha puesto en marcha una reflexión colectiva abierta y profunda que lleve a una estrategia global, que detalle los riesgos y las oportunidades, los fines y los medios y que coordine a los diversos agentes de la política exterior que son muchos y variados.

Es paradójico que la derecha gane las elecciones en muchos países del mundo tras naufragar su política neoliberal y nos sumerja en la peor crisis mundial. Todavía lo más paradójico es que gobierne en tantos países prometiendo aplicar políticas socialdemócratas, que es lo contrario de su pensamiento político, y ellos saben que no van a cumplir con su programa de gobierno. Pero el pueblo no se da cuenta y es engañado una y otra vez.

Los socialdemócratas cada vez más se alejan de su pensamiento político y aplican políticas de derechas, inducidos y maniatados por el gran capital.

CAMBIOS RADICALES EN LOS PARTIDOS ACTUALES

Los partidos políticos en la actualidad a nivel mundial tienen poca credibilidad, los ciudadanos están cansados de tantas mentiras y promesas incumplidas, antes de las elecciones, y que ya en el poder se olviden o no quieran cumplir con lo prometido.

Se tienen que hacer cambios significativos en las formaciones políticas -nombres, estructuras, conceptos, objetivos- y adaptarlos a la realidad y al medio en que se vive con el fin de actualizarlos según el tiempo presente, pero pensando en el futuro.

Los partidos políticos actuales sufren varias crisis a la vez: crisis de liderazgo, organización, alianzas, proyectos, identidad y de conocimiento de la realidad en la que viven.

La renovación no es quitar y poner personas en los diferentes cargos.

Los partidos políticos necesitan reconstruirse desde abajo hacia arriba.

Un partido político no debe tener dueño, en tal caso los dueños vendrían a ser parte de los ciudadanos de un pueblo o nación que creen y apoyan dicha política.

Hay que pasar de viejos partidos a algo nuevo, edificar partidos modernos democráticos con políticas humanitarias.

Características del líder:

Es solidario con los que más lo necesitan.

Tiene ideas claras y modernas.

Enfrenta la realidad con valor, coraje, verdad, moral, ética y ve más allá del futuro inmediato.

Está claro que un líder en cualquier disciplina o actividad política debe ser alguien que piensa en las consecuencias de sus decisiones y acciones en el mediano y largo plazo.

El liderazgo es esencial para que los grupos humanos consigan superar las dificultades y encarar con éxito los desafíos diarios que se presentan.

Las políticas de derecha y de izquierda acaban por tener intereses de clase que en lo fundamental resultan comunes, dado que todos ellos forman parte del sistema de privilegios.

Programa de gobierno

Todo partido político o grupo que quiera intervenir en las elecciones generales de sus respectivos países tiene que tener en cartera un programa de gobierno bien estructurado de la vida socioeconómica, financiera y cultural de su país. Y al inscribir su candidatura, la debe presentar como aval al Jurado Nacional de Elecciones de su país para que el pueblo sepa y tenga para elegir un programa y no un partido o un candidato.

Cada gobierno debe cumplir su programa presentado, de no hacerlo, debe explicar al pueblo a mitad de su mandato por qué no está cumpliendo con su programa de gobierno. Si el pueblo no acepta las razones del gobierno, podría pedir la dimisión en un plebiscito. El gobierno tendría que convocar a un REFERÉNDUM por intermedio del Consejo Supremo Nacional de Sabios que, según los resultados, tendría que convocar o no a Elecciones Generales anticipadas. De no hacerlo el Consejo Supremo Nacional de Sabios le pediría al gobierno que dimita con el apoyo de las Fuerzas Armadas y Policiales.

Cuando un gobierno asume funciones, lo primero que tiene que hacer es comenzar a aplicar su Programa de Gobierno propuesto antes de las elecciones, pues el pueblo, al elegirlo, lo hace por su programa y no por otra cosa. Pero para que sea legal el programa debe exponerlo ante el pleno del Congreso de los Diputados. Cualquier modificación de su programa de gobierno lo debe hacer ante el Congreso de Diputados y debe ser aprobada por mayoría absoluta.

Los partidos políticos son los que deberían dirigir la vida socioeconómica y financiera de un país, pero no las grandes empresas internacionales. Los partidos de oposición al gobierno siempre deben actuar de forma honesta, constructiva, sin mentiras y siempre en ayuda al gobierno.

Siempre que la oposición haga una crítica o no se esté de acuerdo con la política que está aplicando el gobierno junto con la crítica debe acompañar un escrito ante la presidencia del congreso, especificando qué es lo que está mal y cuál sería la posible solución para que quede constancia de su observación.

Este escrito presentado por la oposición ante el Congreso le serviría al gobierno para analizar desde otro punto de vista el tema, y el pueblo puede discernir entre una posición u otra.

Los diputados deben trabajar sus ocho horas diarias, como cualquier mortal en bien del país, ya que ellos perciben un sueldo y muy jugoso. Asimismo deberán aportar de acuerdo a la ley los pagos de Seguridad Social hasta cumplir sus años de servicio como cualquier trabajador.

Las faltas injustificadas a las sesiones del Congreso serían sancionadas como en cualquier empresa pública, ya que como cualquier otro trabajador debe cumplir sus horarios y obligaciones. Ni en el Congreso ni en ninguna empresa o entidad privada o pública deben existir privilegios, inmunidad, leyes de amnistía, ni caducidad de las penas si no son cumplidas.

Se debe acabar con las groserías, insultos, ofensas y agresiones dentro de la sala del Congreso. Y afines de las Entidades Públicas, los infractores abandonarán la sala inmediatamente por orden de la presidencia de la sala. Y en el pleno se verá ese mismo día qué sanción le corresponde. Al cumplir su sanción, pedirá disculpas al pleno.

CONSTITUCION

Es necesaria una nueva Constitución, mediante Asamblea Constituyente y sometida a referéndum, para que cuente con la legalidad que le otorga el pueblo y transparencia en todo el proceso. La ONU, en Asamblea General, aprobaría un modelo de constitución con los principios fundamentales que serviría de base para que los países elaboren su propia constitución.

Debe quitarse el enfoque neoliberal que tienen las actuales constituciones que recorta derechos sociales a los ciudadanos y atribuciones al Estado, que carece de mecanismos de control y participación ciudadana, que lejos de ser un contrato social que abre paso al desarrollo y al progreso, perpetua y profundiza injusticias y desigualdades y la corrupción y entrega de los bienes de los países al mejor postor.

Por eso, para las grandes empresas y grandes capitales, tanto nacionales como internacionales, las constituciones actuales son ideales, les dan carta blanca para maximizar sus ganancias a costa del bienestar social y el interés nacional, pues reducen al mínimo el rol del Estado para regular y promover la economía de los países y la distribución equitativa de la riqueza nacional.

La nueva constitución debe surgir de un proceso transparente y democrático que exprese y refleje la voluntad popular. La nueva constitución debe recuperar y garantizar las libertades y los derechos de los ciudadanos que le han sido arrebatados progresivamente entre el gran capital y los gobiernos corruptos.

Será una constitución que consagre nuestra soberanía como nación efectiva e indiscutible, que establezca las bases para el desarrollo, que haga viable un Estado democrático, participativo, descentralizado, fuerte, moderno, eficiente, que se necesita para salir adelante.

Por el bien de los pueblos del mundo, durante siglos oprimidos, no se puede seguir así por mucho tiempo.

Una nueva constitución que sirva de base a todos los países integrantes de la ONU para que elaboren sus propias constituciones:

Elaborada por la ONU, en Asamblea General

Siempre en el marco democrático.

Su elaboración tendría que ser un proceso transparente e independiente de todo poder que exprese y refleje la voluntad popular, que recupere y garantice las libertades y los derechos de los ciudadanos.

Porque el territorio nacional y sus riquezas son propiedad de todos los ciudadanos de ese país y no puede ser vendido o transferido a ninguna persona o nación extranjera sin una voluntad popular, mediante referéndum o plebiscito a nivel nacional, salvo que sea para vivienda personal.

Que consagre la soberanía como nación efectiva, indivisible, indiscutible e inviolable.

Que establezca las bases para el desarrollo socioeconómico, financiero, cultural a nivel nacional y mundial.

Que haga viable unos estados democráticos, participativos, descentralizados, fuertes, modernos y eficientes.

Es precisa la suspensión de la inmunidad parlamentaria para que no se convierta en impunidad parlamentaria, como sucede en este momento en todo el mundo.

Una separación real de religión- Estado.

Una cultura productiva de demanda y no de oferta para el mercado: que solo se produzca lo que necesita el país en alimento.

Que cada país nombre una comisión dentro del Consejo Supremo Nacional de Sabios para que revise de una manera legal y transparente todos los contratos y acuerdos de concesiones de bienes y territorios nacionales a empresas nacionales y extranjeras, hechos por anteriores gobiernos. Y ver si están ceñidos a la constitución y las leyes de entonces y el derecho irrenunciable de cada nación, y si se han vulnerado los derechos del pueblo, único dueño de los territorios y riquezas de una nación. Si los gobiernos anteriores han cometido dolo y malos manejos, se tendrían que anular convenios, contratos, acuerdos ilegales y sancionar a los corruptos respondiendo con sus bienes, sean personas, empresas nacionales o extranjeras.

EJERCITOS DEL MUNDO

Los ejércitos de los países miembros de la ONU deben estar disponibles a cualquier llamada de la ONU para cualquier emergencia, tanto nacional como internacional.

Cuando países miembros de la ONU tengan problemas o entren en conflicto tanto interno como externo y este no pueda ser resuelto internamente o entre ellos, debe intervenir de inmediato la ONU formando una comisión con los diez países colindantes o cercanos al país o países en problemas quienes en un tiempo prudencial, pero con cierta urgencia, deben entregar un informe exhaustivo que debe ser analizado y votado en asamblea general por todos sus integrantes. Si el informe no tiene aceptación por mayoría, la asamblea de la ONU pasaría el caso al Organismo Internacional de Justicia para que lo analice aplicando las leyes pertinentes y un veredicto que debe ser aprobado por mayoría en asamblea general.

Los ejércitos nacionales están para defender las fronteras y los recursos territoriales del país y nunca los personales, para garantizar la seguridad de sus fronteras contra elementos externos y nunca deben aplicar la fuerza de sus armas contra su pueblo salvo que dentro del país haya grupos o ejércitos rebeldes armados que defiendan intereses particulares.

Cuando hay abusos de sus gobernantes, permanecerán vigilantes a favor del pueblo y acatarán órdenes del Consejo Supremo Nacional de Sabios, como el órgano máximo de control de empresas e instituciones del Estado y, en caso extremo, de la Organización de Naciones Unidas.

También deberán cuidar del orden nacional interno en ciertas ocasiones, cuando las fuerzas del orden no dan abasto.

CONSEJO SUPREMO NACIONAL DE SABIOS

El Consejo Supremo Nacional de Sabios sería el MÁXIMO ORGANISMO DE CONTROL de todas las instituciones y empresas estatales, tanto nacionales, como regionales, municipales, militares, policiales, etc.

Ejercito de Salvación

Este control dentro de las instituciones estatales estaría a cargo de la Dirección, Administración y los trabajadores, ya que cualquiera de los señalados podría denunciar con pruebas cualquier irregularidad ante el Consejo Supremo Nacional de Sabios.

El control externo se haría dentro de las instituciones estatales por el Consejo Supremo Nacional de Sabios.

-Elección y designación de los PATRICIOS o miembros que integrarían el Consejo Supremo Nacional de Sabios:

Cada región mediante sus colegios profesionales elegirán, en votaciones internas, dos profesionales de cada colegio, uno para el consejo nacional y otro para su respectiva región. Todos estos patricios tendrían que ser apolíticos.

La elección del presidente y vicepresidente nacional se haría entre todos los profesionales elegidos para el Consejo Supremo Nacional de Sabios.

La elección del presidente y vicepresidente regionales se haría entre todos los profesionales elegidos para cada región.

También cada región aportaría al consejo nacional unos interventores que actuarían como inspectores dentro de las instituciones estatales.

Cada región tendría sus propios inspectores, auditores, interventores, etc.

Ni en el Consejo Supremo Nacional de Sabios, ni en los Consejos Regionales habría asesores ya que sus integrantes serían todos profesionales muy capaces.

En el Consejo Supremo Nacional de Sabios tendría que haber un secretario general y un secretario por cada colegio o especialidad, mientras que en los Consejos Regionales habría una secretaría general.

La primera responsabilidad de este Consejo sería elaborar una nueva constitución y llamar a un referéndum a nivel nacional para aprobación y legalización.

El Consejo Supremo Nacional de Sabios sería el que asumiría el control de los poderes del Estado y de todas las instituciones estatales, tanto nacionales, regionales, municipales, militares, policiales, etc., en el caso de vacío de poder en cualquiera de estas instituciones.

Los sueldos y los salarios de los integrantes de estas instituciones estatales y del mismo Consejo Supremo Nacional de Sabios estarían regidos y regulados por el escalafón nacional de sueldos y salarios.

La aprobación de los presupuestos de estas instituciones estatales estarían a cargo del órgano competente, el Tribunal de Cuentas, pero como organismo de un nivel inferior necesitaría el visto bueno del Consejo Supremo de Gobierno.

Ante cualquier irregularidad, delito, corrupción de autoridades detectadas en estas instituciones, el Consejo Supremo Nacional de Sabios intervendría para deslindar responsabilidades. Si hubiera delito, se separaría inmediatamente al infractor, confeccionando un atestado de los hechos y enviándolo al poder judicial para su juzgamiento, quien actuaría de inmediato y con estos datos la sentencia no tardaría.

El Consejo Supremo Nacional de Sabios podría proponer al Congreso de los Diputados proyectos de ley.

Todo proyecto de ley pasaría por este consejo para que lo analice, dé sugerencias, recomendaciones, consejo sobre él, antes de devolverlo al Congreso de los Diputados.

Los inspectores, interventores y auditores de campo, que serían los que acudirían a las empresas o instituciones estatales, serían nombrados por el Jurado Nacional de Elecciones mediante un concurso y según currículum

El Gobierno de la Nación podría consultar con el Consejo Supremo Nacional de Sabios cualquier asunto relacionado con la vida socioeconómica y financiera del país.

El Consejo Supremo de Gobierno tendría la obligación de consultar con el Consejo Supremo Nacional de Sabios cualquier asunto que afecte a la seguridad nacional.

El poder legislativo por ley debería redactar un código de conducta y un estatuto y un reglamento interno que permita a este consejo actuar con libertad y honestidad y a la vez que regule su funcionamiento tanto a nivel nacional y regional. Todo esto estaría refrendado por el Consejo Supremo Nacional de Gobierno que es el que juramentaría e instalaría al Consejo Supremo Nacional de Sabios antes de cada cambio de gobierno para que el gobierno entrante no tenga ninguna influencia en este Consejo Supremo Nacional de Sabios.

Los colegios profesionales (de abogados, fiscales, magistrados, economistas, financieros, administradores, contables, sociólogos, psicólogos, arquitectos, ingenieros, médicos, profesores, etc.) serían los que nombrarían a los candidatos para el Consejo Supremo Nacional de Sabios.

El Consejo Supremo Nacional de Sabios sería el único organismo estatal que no tendría ningún control externo. Tendría un autocontrol o control interno (entre sus miembros). Cualquier acusación, denuncia o sospecha de delito contra cualquiera de sus miembros tendría que ser analizada por cada uno de sus miembros y sometida a votación en asamblea general de todos sus miembros, de donde saldría un veredicto, avalado con el 50 % más uno de los votos.

CONSEJO SUPREMO DE GOBIERNO

Estaría formado por los presidentes y vicepresidentes de los cinco poderes del Estado: ejecutivo, legislativo, fiscalizador, judicial y electoral.

Este Consejo sería el máximo organismo que representaría a cada nación en muchos países, mientras que en algunos la representación la llevaría el rey.

Este Consejo tendría que ver con los nombramientos de los presidentes y vicepresidentes de los poderes judicial y electoral, presidentes, vicepresidentes y autoridades de las principales entidades estatales, militares, policiales, educativas, deportivas de cada nación. Los candidatos para estos nombramientos saldrían de cada una de las regiones, un candidato por región para cada uno de los cargos de estas entidades, previas elecciones internas.

El Consejo Supremo de Gobierno elegirá al que tiene mejor currículum para cada puesto.

Entidades como el Poder Judicial, Electoral, el Tribunal Constitucional, el Consejo General del Poder judicial, el Defensor del Pueblo, el Tribunal de Cuentas, los presidentes y vicepresidentes de las regiones, etc., son unas de las instituciones donde el Consejo Supremo del Gobierno interviene para nombrar a las autoridades.

Todo Gobierno debe ejercer control en toda empresa particular por intermedio de los ministerios que tendrán equipos de profesionales para este fin en cada ministerio.

El control lo haría en todas las actividades que realizan las empresas particulares o privadas a nivel nacional. Los equipos de control independientes de todo poder deberían inspeccionar, comprobar, verificar cualquier denuncia o sospecha para ver si se ha cometido delito, excesos, irregularidades contra las leyes, normas establecidas o intereses del Estado. Si hay delito, se denunciará el caso con un informe al Poder Judicial. Este informe no puede ser vetado ni cambiado.

Estos controles se llevarían a cabo dentro de las empresas, pero sin paralizar las actividades productivas.

LOS PODERES DEL ESTADO

Tendrían que ser cinco, independientes, autónomos, señoriales, para desempeñar las funciones establecidas por la Constitución y las Leyes del Estado.

Estas entidades emblemáticas deberían dar ejemplo de pureza institucional y una enseñanza para toda institución del Estado. Hoy por hoy están sometidas al gran capital o a las grandes empresas internacionales ya que no hay ningún control ni fiscalización externa para estas principales entidades del Estado.

Deberían tener autonomía financiera para elaborar sus presupuestos, pero no para gestionarlos ni aprobarlos.

La aprobación de los presupuestos de estas instituciones estatales estaría a cargo del órgano competente el Tribunal de Cuentas, pero como organismo de un nivel inferior necesitaría el visto bueno del Consejo Supremo Nacional de Sabios.

Debería haber siempre transparencia y control de las cuentas del Estado, aun tratándose de los Poderes del Estado.

Los Órganos Constitucionales emanan de la Constitución y tienen un estatus superior y diferente a otras instituciones.

Pero en el momento actual los estándares de control distan mucho de la transparencia que espera la opinión pública a nivel mundial ya que sus cuentas no son debidamente detalladas.

Todos los gastos y pagos deben figurar en los Presupuestos Generales del Estado para que cualquier persona pueda informarse en la Web del Ministerio de Economía y Finanzas, de cómo se han gastado estos fondos que proceden de las arcas públicas.

En la actualidad, hay algunos poderes que tienen mayor relevancia que otros, pues hay poderes que intervienen en la elección y nombramiento de la dirección de otros poderes a los cuales someten a su voluntad.

PODER EJECUTIVO

El Poder Ejecutivo es el que dicta y dirige la política a nivel Nacional e Internacional, la Administración Estatal, Militar, Policial y la defensa de la Nación, sobre todo dirige la economía.

El Poder Ejecutivo ejerce la función ejecutiva del gobierno.

Es el que debe coordinar y repartir equitativamente la riqueza nacional, entre todas las regiones de una nación.

Cuando el Poder Ejecutivo, se encuentre con un problema grave, que comprometa la seguridad nacional debe coordinar la solución dentro del Consejo Supremo Nacional de Gobierno y consultar con el Consejo Supremo Nacional de Sabios.

En su elección participan partidos políticos.

Su política debe afectar por igual a todos los ciudadanos de una nación (educación, salud, bienestar social, justicia, etc.)

Es el responsable de las acciones y consecuencias de su gobierno

Debe establecer una administración tanto estatal como particular sólidas, independientes en el cumplimiento de sus funciones, muy profesional y apolítica.

El control tanto en entidades estatales como particulares, debe funcionar de forma estricta en lo interno como externo, mediante equipos a nivel nacional.

El Gobierno, la Administración y el Control Interno, de una empresa, nunca deben sancionar un delito, solo denunciar al control externo, que sería el que investigue, sancione, pero si es grave llegará a la instancia del Poder Judicial.

El Poder Ejecutivo, no debe intervenir en la dirección, ni en la administración de las entidades estatales ni particulares, empero si en el control interno como externo

Cuando el control externo no logra solucionar el problema con los trabajadores, empresarios y gobierno pasaría a manos del Poder Judicial, que solo aplicaría la ley

Referéndum, cuando las decisiones políticas son de especial trascendencia o se juega los intereses y bienes de la nación tendría que ser sometida a un referéndum consultivo de todos los ciudadanos de una nación.

El referéndum, seria convocado por el Consejo Supremo Nacional de Sabios, mediante propuesta del Presidente de Gobierno y previa autorización del Congreso de los Diputados.

Una ley orgánica regularía las condiciones y los procedimientos de las distintas modalidades de referéndum.

Los postulantes a la Presidencia del Gobierno de una nación deben ser nacidos en dicha nación y encontrarse viviendo en ella.

El Presidente y Vicepresidentes, elegidos por sufragio universal, libre, igual, directo y secreto, en los términos que establecen la constitución y las leyes del Estado.

Composición del Poder Ejecutivo:

Presidente y Vicepresidentes y los Ministros que serian nombrados por el Consejo Supremo Nacional de Sabios, y en algunos casos el Rey. Los ministros serian propuestos por el Consejo Supremo de Gobierno.

PODER LEGISLATIVO

El Poder Legislativo, Cámara Legislativa o Congreso de los Diputados, tiene que ser Autónomo e Independiente del poder económico, político en el cumplimiento de sus obligaciones y funciones que le otorga la Constitución y las Leyes del Estado.

Composición del Poder Legislativo:

Los diputados serán elegidos por sufragio universal, libre, igualitario, directo y secreto, en los términos que establece la constitución y las Leyes del Estado. Todos ellos forman la Cámara Legislativa o Congreso de los Diputados.

El presidente y vicepresidente son elegidos entre los diputados electos.

Los diputados son elegidos la misma fecha y junto con los presidenciales.

La inviolabilidad e inmunidad parlamentaria debería desaparecer y tratar a todos los ciudadanos por igual porque todos los ciudadanos de una nación deben tener los mismos derechos y obligaciones.

Este poder representa al pueblo y ejerce la potestad legislativa del Estado. Es donde se elaboran, aprueban, modifican o derogan las Leyes Orgánicas y otras que rigen la vida socioeconómica del pueblo.

En la elección de los diputados participan los partidos políticos.

PODER FISCALIZADOR

El Poder Fiscalizador o Cámara Territorial es el que llevaría el control de toda empresa o entidad particular; es el que representaría y ejercería el Ministerio Público en los tribunales, poder que, representando el interés público, interviene en defensa de los intereses del Estado. Tiene que ser un ente autónomo e independiente en el cumplimiento de sus obligaciones y funciones que le otorgarían la Constitución y las Leyes del Estado. Sus miembros deben ser apolíticos.

Composición del poder fiscalizador:

Presidente y vicepresidente y los ministros que serían nombrados por el Consejo Supremo Nacional de Sabios y en algunos casos por el rey. Los ministros serían propuestos por el presidente del Poder Fiscalizador.

Ministerio Fiscal, compuesto por un Fiscal General de la nación y todos los fiscales.
Ministerio Territorial, compuesto por las diferentes regiones.
Ministerio de Control, compuesto por instituciones y empresas particulares de control.
Ministerio Administrativo, compuesto por administraciones particulares.

El control de instituciones y empresas particulares se haría mediante todas las instituciones o entidades que actualmente ejercen un control de las actividades socioeconómicas y financieras dentro y fuera de cada empresa, como Superintendencia de Banca y Seguros, Tribunal de Cuentas, Comisión Nacional de Mercado de Valores, etc. Estos organismos de control autónomo e independiente se convertirían en parte del poder fiscalizador y trabajarían mediante equipos de control siempre investigando en el terreno bajo la supervisión del poder fiscalizador. El presidente y vicepresidente serían elegidos por sufragio universal, libre, directo y secreto en términos que establecería la Constitución y las Leyes del Estado. Al mismo tiempo habría elecciones regionales para elegir presidente y vicepresidente regionales.

El Consejo de Ministros sería presidido por el presidente del poder fiscalizador.

Cada ministerio tendría en su seno a instituciones o entidades de control afines que se encargarían del control de instituciones o empresas también afines.

Las fiscalías y fiscales serían parte de este poder, lo mismo que las regiones, empresas particulares, administraciones particulares, siempre en materia de control.

El Poder Fiscalizador sería el organismo máximo de control de cada país, junto con el Consejo Supremo Nacional de Sabios.

Su función consistiría en el control de todas las entidades privadas aplicando la constitución, las Leyes del Estado y las normas internas de cada una de las entidades, instituciones y empresas privadas del país. No ejerce la función de un juez.

En la actualidad hay instituciones que no se someten a una fiscalización o control como es una obligación universal de todas las personas, instituciones y empresas tanto públicas como privadas.

El Ministerio Fiscal debe ser autónomo e independiente y en su funcionamiento no debe intervenir el gobierno central, ni el poder judicial.

El Ministerio Fiscal debería tener como misión primordial ineludible la de promover la acción de la justicia, en defensa de la legalidad, de los derechos de los ciudadanos y del interés público, así como velar por la independencia de los juzgados y tribunales y procurar ante estos la satisfacción del interés social.

La fiscalía no debe estar regida por ningún principio jerárquico de dependencia. Todo integrante debe actuar según la Constitución y las Leyes del Estado.

Su máximo representante sería el Fiscal General, nombrado por el Consejo Supremo Nacional de Sabios, propuesto por el presidente del poder fiscalizador.

Los fiscales no deben ser dependientes jerárquicamente del fiscal general (así como en la justicia, los jueces). Deben tener libertad para actuar según la Constitución y las leyes del país.

El control del Ministerio Fiscal estaría a cargo del Consejo Supremo Nacional de Sabios.

El Ministerio Fiscal debe esgrimir principios de legalidad e imparcialidad.

En la actualidad el control lo lleva el gobierno central sobre la fiscalía, orienta de forma partidista la política criminal de persecución de delitos hasta el punto de que hay determinados delitos que no le interesa perseguir ni investigar porque le perjudicaría políticamente.

La escasez de medios afecta al trabajo de las fiscalías, en especial de las fiscalías anticorrupción, creadas para perseguir delitos especialmente trascendentes relacionados con la corrupción económica del ámbito nacional e internacional. En la actualidad las fiscalías dependen orgánicamente del fiscal general del Estado, nombrado por el gobierno de turno, viéndose limitado por la voluntad política para actuar imparcialmente.

Por ley han reducido el número de fiscalías anticorrupción y el tiempo para investigar y reunir pruebas de cargo.

Por ley se obliga a las fiscalías a poner en conocimiento de los sospechosos la apertura de las investigaciones a fin de que puedan apersonarse en las diligencias e intervenir en las mismas, lo cual les facilita la destrucción de pruebas. Sin pruebas, las diligencias por corrupción o delitos contra el patrimonio del Estado por altos funcionarios o grandes empresas se alargan en el tiempo hasta quedar en archivo y los culpables, sin castigo.

Para evitar la corrupción y los delitos contra el patrimonio del Estado debe primar la honradez de los funcionarios y el control exhaustivo del Gobierno.

Cuando se trate de entidades del Estado, a la mínima sospecha o denuncia de fraude o corrupción de inmediato se debe separar la cabeza de la dirección y administración y se nombrará una nueva nómina de profesionales hasta que termine la investigación por parte del gobierno. Si hay culpa, se derivará el caso al juez con todas las pruebas. En el caso de ser entidades o empresas particulares se nombra una comisión de profesionales para que investigue dentro de la empresa, pero sin interrumpir sus actividades productivas.

El fiscal califica al acusado.

El fiscal ejerce en calidad de investigador e instructor.

El acusado es la otra parte que intenta persuadir de sus razones al juez, que ejerce de árbitro controlando las garantías y libertades de las partes.

PODER JUDICIAL

El Poder Judicial nunca, en ningún caso, y por ningún motivo debe obviar el objetivo principal de la justicia que es juzgar a los que han cometido un delito, más aún si es genocidio contra la humanidad.

No debe haber en el mundo ni Gobierno ni Congreso, ni dinero, ni leyes dictadas por el hombre que impidan hacer justicia. Si hubiera alguien que lo impida, debe ser juzgado.

Se debe obviar la inmunidad, las leyes de amnistía dictadas por gobiernos o congresos de diputados y toda clase de privilegios que favorecen a unos cuantos y que impiden juzgar a los que han delinquido. Así como la prescripción e impunidad de los delitos. Por eso ningún delito debe prescribir hasta que el delincuente cumpla su castigo o por fallecimiento. A todo ello se suma el abuso que suelen cometer los gobiernos de la figura del indulto, decisión del ejecutivo de excarcelar o extinguir de responsabilidad penal a quien ha sido condenado en firme.

Todas estas figuras legales actuales serían positivas si beneficiaran a todos los ciudadanos por igual, pero solo benefician a los poderosos y adinerados.

En el mundo las leyes de cada país deben ser para todos por igual desde el presidente de una nación o el rey hasta el último trabajador del escalafón de sueldos y salarios y, en general, para todo ser humano y no debe haber privilegios para nadie.

Justicia es la virtud que se inclina a dar a cada uno lo que le pertenece, pena o castigo público cuando se ha cometido un delito y lo que debe hacerse según derecho o razón.

La justicia, que debería ser el bálsamo de la vida social en el mundo, es en este momento la pesadilla de la humanidad, debido al poder político y económico, la falta de control interno y externo en todas instituciones estatales y particulares de todo Estado.

El Poder Judicial está formado por jueces y magistrados que son los encargados de juzgar. Pero muchas veces la ley no se cumple para todos por igual y muchos quedan sin castigo gracias al poder político y económico.

Los centros donde se imparte justicia son los juzgados y tribunales civiles. Por ningún motivo o circunstancias en otro lugar.

Debería haber un organismo autónomo e independiente de todo poder, con competencia en todo el territorio nacional, que controle a todos los juzgados y tribunales y dependencias del poder judicial (podría ser el Consejo Supremo Nacional de Sabios), en el caso de una recusación a un juez o magistrado, esta debería hacerse ante el Consejo Supremo Nacional de Sabios, o en su caso ante el Consejo Superior Regional de Sabios, para que estos determinen si procede o no la recusación.

Según la Constitución y las Leyes del Estado, la justicia emana del pueblo y para el pueblo y se administra en nombre del Estado por jueces y magistrados integrantes del poder judicial, independientes e inamovibles, responsables y sometidos únicamente al imperio de la ley.

El Poder Judicial, según cada constitución, se debería situar en una posición institucional de paridad con los demás poderes del Estado. Sería investido de las garantías de superioridad e independencia, características de estos en su orden respectivo.

Composición del Poder Judicial.

Consejo General del Poder Judicial, formado por el presidente y vicepresidente del Tribunal Supremo de Justicia y sus vocales, uno por cada región, que serían nombrados por el Consejo Supremo Nacional de Sabios y en algunos casos el rey, propuestos por las regiones, magistrados (tribunales), jueces (juzgados), centros prejudiciales (antes de acudir a la justicia).

A nivel mundial, el Tribunal Internacional de Justicia de La Haya.

El Consejo General del Poder judicial es el órgano de gobierno de los jueces y magistrados.

El Tribunal Supremo de Justicia es el órgano jurisdiccional superior en todos los órdenes, salvo lo dispuesto en materia de garantías constitucionales, con jurisdicción en todo el país.

Los tribunales superiores de justicia son órganos jurisdiccionales superiores, dentro de cada región.

La Audiencia Nacional o juzgados especiales, en concreto, son juzgados de ámbito penal, tienen encomendada la instrucción y enjuiciamiento de aquellos delitos más graves y complejos desde el punto de vista social. Tiene una influencia mediática dada la naturaleza de los delitos que en ella se investiga y juzgan, siendo sus jueces instructores bien reconocidos a nivel nacional.

Estos juzgados especiales no deben existir porque son pocos y los magistrados, muy conocidos, son fáciles de controlar por el poder político y económico. Los casos que se ventilan en estos juzgados son muchos y complejos, lo que implica que la solución se demore años y casi todos prescriben y se archivan quedando los infractores en la más absoluta impunidad y listos para seguir delinquiendo y con mucho dinero.

Los tribunales y juzgados son los centros donde se imparte justicia.

Los centros prejudiciales serían centros donde se aplicarían procedimientos no jurisdiccionales de carácter voluntario para tratar de resolver problemas cotidianos de poca incidencia en lo social dispuestos por los ayuntamientos o municipios.

El Tribunal Internacional de Justicia, que no funciona y debe ser reestructurado totalmente o cambiado por otros organismos, bajo el seno de la Organización de las Naciones Unidas (ONU).

Organismos que intervienen en la acción judicial y que deberían coordinarse a nivel nacional.

En la capital: Corte Suprema, fiscal general, policía judicial nacional.

En las regiones: cortes superiores, fiscalías regionales, policía judicial regional.

En la provincia: juzgado de primera instancia, fiscalías, policía judicial.

En el distrito: juzgados de paz, gobernador, policía. El gobernador nombrado por el gobierno regional, que representa al fiscal.

En el sector distrital : un abogado como juez, un secretario del ayuntamiento como fiscal, policía municipal. El abogado nombrado por el Tribunal Superior de Justicia de la región. Estos sectores distritales de justicia colaborarían con los juzgados de paz de su distrito, y mayormente funcionarían en las comisarías de policía.

Entre las funciones del Consejo General del Poder Judicial no deben estar los nombramientos de ninguno de sus miembros, ascensos, inspección ni régimen disciplinario. Para eso está el Consejo Supremo Nacional de Sabios y los Consejos Superiores Regionales de Sabios. Tampoco le compete fijar cuál sería el interventor.

No tendría que ver con nombramientos, ya que está en un plano inferior a los poderes del Estado en su conjunto. Tampoco un poder aislado podría nombrar un cargo político, estatal ni particular, el único que podría nombrar sería el Consejo Supremo de Gobierno por recomendación o propuesta de las entidades públicas de segundo nivel.

En la actualidad, el interventor es elegido por el pleno de la institución, que es el encargado de autorizar la liquidación presupuestaria que se envía al Tribunal de Cuentas.

Pero sí tendría competencia para elaborar, dirigir la ejecución y controlar el cumplimiento del presupuesto y su reglamento de funcionamiento, como toda entidad de primer nivel, y enviarlo al Tribunal de Cuentas para su análisis (aprobación o rechazo). Si es aprobado, pasaría al máximo organismo de control de las entidades estatales, que es el Consejo Supremo Nacional de Sabios para que quede constancia y así pueda hacer un seguimiento y control sobre las instituciones. Luego pasaría al Gobierno Central para que ejecute mediante el Ministerio de Economía y el Banco de la Nación.

Entonces, lo que no puede hacer el Consejo General del Poder Judicial en materia presupuestaria es aprobar sus propios presupuestos.

Los interventores deben pertenecer al Tribunal de Cuentas como entes del control externo.

Se deben reforzar los mecanismos de auditoría externa de estos organismos estatales porque la mayoría de los interventores, si no son todos, en este momento son nombrados por el pleno o una comisión de las propias instituciones que deben vigilar.

El Poder Judicial bastante tiene con la potestad de administrar justicia en todo el territorio nacional, que le otorga la Constitución y las Leyes del Estado como para entretenerse con asuntos que no son de su incumbencia, pues para eso hay una Administración pública.

Las actuaciones judiciales deberían ser públicas siempre, sin ninguna excepción, el procedimiento oral y las sentencias pronunciadas en audiencia pública.

En este momento es bochornoso el partidismo en la elección de los integrantes de los órganos judiciales y en las votaciones partidistas en bloque de los jueces.

Algo anda mal en la justicia mundial, cuando la extrema derecha y el gran capital dominan y dirigen la justicia.

La justicia en el mundo defiende al capitalismo de Estado y empresarial, a los gobiernos dictatoriales, totalitarios y sientan en el banquillo a los que tratan de investigar los genocidios.

No existe tiranía peor que la ejercida a la sombra de las leyes, con apariencia de justicia.

En la actualidad, hay en el mundo millones de expedientes judiciales pendientes de resolución en diferentes juzgados, lo que es un claro atentado contra los principios del derecho. Se está violando con prevaricación y alevosía la ley y la justicia, según los derechos humanos y las libertades fundamentales ya que toda persona tiene derecho a que su causa sea oída equitativamente, públicamente y dentro de un plazo razonable de tiempo por un tribunal independiente e imparcial. En la actualidad todos estos derechos que tienen las personas no se cumplen: al que se escucha siempre es al SEÑOR DINERO.

Todos los jueces, magistrados y toda autoridad judicial del primer y segundo nivel deberían ser designados o propuestos democráticamente en votaciones internas según sus hojas de servicios y estudios profesionales por sus juzgados superiores o regionales y por los colegios profesionales y no por organismos políticos ante el Consejo Supremo Nacional de Sabios para su nombramiento.

El control y la manipulación del Poder Judicial en el mundo están dados por el poder político y económico. La realidad política en el mundo nos recuerda que vivimos realmente en un modelo ficticio de separación de poderes.

La historia de las instituciones judiciales podría resumirse en una lucha titánica de los partidos políticos cuando suben al poder para desvirtuar y anular la autonomía e independencia de los juzgados y tribunales.

Se dice que el juez habla por sus "autos o actos".

El juez valora los argumentos esgrimidos por el acusado durante el interrogatorio, declaraciones y comentarios en relación con los hechos.

La disposición del juez instructor, como su capacidad para abrir diligencias de oficio, impulsar investigaciones contra las personas, ordenar a la policía la entrada y registro de domicilios, cursar instrucciones para grabar conversaciones del acusado en la cárcel o decretar intervenciones telefónicas, debe hacerse de un modo imparcial y no selectivo.

El juez ejerce de la mano de la fiscalía de juez investigador.

Un juez diferente de garantías y libertades que ejerce de árbitro entre las partes.

Los jueces ejercen la acción penal -pedir una pena por un hecho criminal-, la acción civil -pedir restitución, reparación del daño y/o indemnización por perjuicios o daños materiales y morales-.

La Audiencia Nacional o juzgados especiales en concreto son juzgados de ámbito penal insertos en ella.

Es otra de las instituciones judiciales claves que controla los gobiernos y lo hace especialmente no dotándola de medios suficientes para las numerosas y arduas labores que tiene encomendadas legalmente, lo cual impide que esta llegue al fondo de los miles de casos investigados y prescriban y se archiven dejando a los infractores sin sanción.

El interés de los gobiernos por estos juzgados estriba en que tienen encomendados la instrucción y enjuiciamiento de aquellos delitos más graves y complejos desde el punto de vista social, como los relacionados con el narcotráfico, grandes defraudaciones (estafas), delitos económicos y monetarios, terrorismo, órdenes internacionales, como detenciones de extranjeros y, por el principio de justicia universal establecido por ley, determinados delitos graves ocurridos en cualquier parte del mundo cometidos por nacionales y extranjeros.

La Audiencia Nacional es uno de los órganos judiciales más conocidos popularmente por su influencia mediática, dada la naturaleza de los delitos que en ella se investigan y juzgan siendo sus jueces instructores los más conocidos a nivel mundial.

En la Audiencia Nacional hay una gran escasez de juzgados de instrucción.

Como consecuencia, muchos procesos se alargan años o terminan prescribiendo y otros delitos quedan impunes porque simplemente no hay medios reales para investigarlos o la legislación internacional lo impide (secretos bancarios, paraísos fiscales, etc.).

Por lo que se ve en la vida diaria parece que los juzgados de la Audiencia Nacional estarían hechos a medida para defender y no para juzgar cuando se trata de las grandes empresas o políticos de alto rango.

La reforma del Poder Judicial es imprescindible; pero la solución no pasa por una reforma superficial sino por una reforma total del poder judicial en el mundo.

Deben adecuarse los mecanismos de la justicia a la época actual aplicando las nuevas tecnologías para contrarrestar los efectos de la explosión

demográfica, la revolución industrial, el aumento de la delincuencia, los problemas socioeconómicos y para que sea más dinámica y eficiente.

La modernización tecnológica, las infraestructuras, la restauración del sistema organizativo y administrativo del poder judicial en el mundo, la ONU, debe intervenir con su rol asesor.

La Organización de las Naciones Unidas tendría que elaborar un proyecto base con los principios fundamentales e ineludibles que sirvan de modelo para que todos los países elaboren sus códigos civiles, penales, militares, etc.

En países pobres la inversión para modernizar la justicia no es posible. Es preferible gastar los medios disponibles en cuestiones prioritarias que permitan mantener la calidad y honestidad del servicio. La ONU tendría que colaborar para mejorar las infraestructuras en estos países.

La rapidez de la justicia es muy necesaria y para eso se requiere modernizar el sistema.

PROCESO JUDICIAL

El distrito judicial sería la base y el inicio de todo proceso judicial en cada país, donde se producen los hechos delictivos, el comienzo de la investigación policial y judicial.

En toda comisaría distrital debe haber un juez de turno. El primer informe policial de un hecho delictivo debe estar acompañado de la firma del juez de turno y su texto no debe ser cambiado en ninguna circunstancia.

Cuando se produce un hecho delictivo, los primeros que intervienen siempre es la policía (guardia civil, policía nacional y municipal) y, de inmediato, el juez de turno de la comisaría de distrito, que harían las primeras indagaciones o investigaciones. Redactarían el primer informe del caso que sería la base de todo proceso judicial, ya que diseñaría o relataría el escenario del hecho producido en ese momento y nombraría a testigos presenciales si los hubiera en el momento.

Si el juez de turno de comisaría ve que el caso es grave y él no puede resolver pasa de inmediato el caso al juez de paz distrital, con el informe respectivo, quedando una copia en la comisaría.

El juez de paz llama a las partes en conflicto y a los testigos si los hubiera para interrogarlos, y ver si puede resolver el caso. Si no pudiera, transfiere el caso a un juzgado de primera instancia con un segundo informe que indicara las dificultades que tiene para resolver el caso, acompañado del primer informe.

Ya en primera instancia intervendría la policía judicial y el fiscal. Prácticamente es cuando comienza el juicio. Tomando como base el primer y segundo informe se abre un atestado. Y de aquí en adelante se busca la solución con una sentencia y el archivo del caso.

Si los delitos son económicos y administrativos y provienen de instituciones estatales, a la menor sospecha o denuncia de irregularidades se cambia la dirección o administración por peritos que investigarían el caso. Si hay delito, el caso pasa a la justicia y si no lo hubiera, vuelve al trabajo.

El informe pericial es fundamental para resolver y sentenciar el caso.

En el caso de empresas particulares, a la menor sospecha o denuncia de irregularidades que pongan en peligro la estabilidad y el buen funcionamiento de las mismas el ministerio respectivo nombraría una comisión de peritos para que investigue dentro de la empresa, sin que las actividades empresariales se paralicen.

Si hay delitos, los infractores pasarían a disposición judicial, con el informe pericial respectivo.

En toda investigación pública o privada de un delito, el acusado no debería ni tendría que recurrir a abogados particulares para que lo defiendan porque no estaría nada bien que siendo culpable se defienda con el dinero que ha robado, estafado o defraudado para que la justicia lo haga inocente y lo absuelva de toda culpa.

En estos casos el Gobierno le tendría que poner un abogado para que lo defienda pagándole sus honorarios al término del juicio con el dinero recuperado si es culpable o si es absuelto, el Gobierno pagaría los honorarios del abogado.

El que roba millones tiene dinero suficiente para contratar muchos abogados no porque sean los mejores, si no porque tienen muchas influencias entre las autoridades y quizás entre los jueces.

Para acelerar el proceso de cambio en la justicia, todas las autoridades y jueces de primer y segundo nivel deberían entrar a concurso a nivel nacional donde podrían intervenir todos los que se encuentran en actividad en ese momento, pero los candidatos en adelante estarían dados por regiones. Para el primer nivel la selección y elección las harían el Consejo Supremo Nacional de Sabios. Y para el segundo nivel, la selección y elección las haría el Jurado Nacional de Elecciones por intermedio de su ministerio respectivo; los candidatos serían propuestos por las regiones judiciales. Las autoridades judiciales a partir del tercer nivel las harían directamente las regiones judiciales por concurso interno y supervisado por el Jurado Regional de Elecciones.

ATASCO DE LA JUSTICIA

Atascar la justicia con casos de poca trascendencia para la sociedad en que vivimos no tiene sentido, como son los conflictos familiares, las rupturas matrimoniales, la propiedad horizontal, las sucesiones, las convivencias entre vecinos, etc.

En estos casos se debería recurrir inicialmente a procedimientos no jurisdiccionales de carácter voluntario y confidencial cuyo objetivo sería facilitar la comunicación entre las personas ya que entre ellas pueden gestionar una solución a sus problemas con la ayuda de una persona que intervenga de manera imparcial, natural, bajo el principio de la confidencialidad. Esta alternativa al poder judicial podría llamarse mediación, conciliación, arbitraje, eso no interesa. Lo que interesa es el objetivo trazado que es ayudar a descongestionar la justicia.

Se llenan las cárceles con personas que han cometido delitos leves. En estos casos se podría llegar a soluciones pactadas dentro del poder judicial. Juicios rápidos para casos en los que no esté de por medio la vida de los seres humanos y la cuantía de dinero sea la mínima, ni estén en peligro estructuras sociales familiares ni medioambientales y que no ha sido posible solucionar por mediación. En estos casos no se tiene por qué terminar en prolongados asuntos judiciales.

Juzgados menores, un código de conducta y un estatuto redactado por el Poder Judicial permitirían a entidades profesionales, universidades, etc. actuar con honestidad y fidelidad a la justicia para resolver casos que están años por resolver.

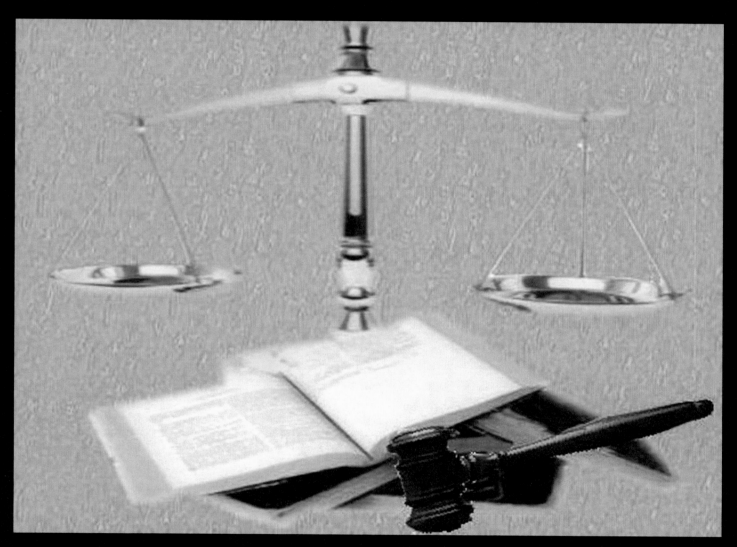

Atasco de la Justicia

MEDIACION

Ejemplo: cuando en un hogar hay un conflicto interno se recurre a un familiar o amigo que tenga cierta ascendencia en la familia o a un profesional que sirva de conciliador o árbitro entre las partes en conflicto.

Mediación, conciliación, arbitraje se basa no tanto en una alternativa al proceso judicial, ya que a veces las partes no aceptan este procedimiento y se recurre a lo judicial, y no a la gestión natural del conflicto a través del diálogo voluntario y libre. Se trata de una decisión de las partes y cuenta con la intervención de un profesional mediador.

Esta clase de soluciones a los conflictos permitiría evitar procesos contenciosos largos y costosos. Y para la ciudadanía sería una nueva forma de solucionar sus conflictos antes de acudir a la justicia.

En estos casos no podría haber intervención policial, judicial, ni de abogados de las partes; lo que sí tendría que haber es un abogado de parte del ayuntamiento para que asesore a las partes y les indique las posibles soluciones para evitar ir a la justicia; también puede ser un psicólogo, o un sociólogo para tratar de calmar a las partes.

Los locales serían proporcionados por los ayuntamientos de cada localidad.

El poder judicial debería redactar un "código de conducta y un estatuto" para este fin.

Estas posibles alternativas al proceso judicial podrían llamarse mediación, conciliación, arbitraje y para su realización el ayuntamiento debería dar toda clase de facilidades.

SOLUCIONES PACTADAS

Un procedimiento de carácter voluntario de ambas partes.

Ejemplo: Cuando las dos partes en conflicto ya no quieren seguir con el proceso judicial, no hay otra parte afectada y quieren una solución pactada acuden al juez que instruye el caso y le piden cerrar el caso por voluntad de ambas partes.

Estas soluciones serían delante del juez, con carácter solidario y conciliador, serían casos no juzgados, pero solucionados y archivados por orden del juez.

Mediante este modelo de soluciones pactadas donde ambas partes libremente llegan a un acuerdo avalado por un juez, primero se reduciría mucho el atasco de casos sin resolver en el Poder Judicial y, segundo, se evitarían procesos contenciosos largos y costosos ya iniciados,

El pacto a que se llegue debe ser voluntario y libre entre las partes y el juez estaría para refrendar el acuerdo, sin la presencia de abogados.

Este procedimiento estaría vinculado en mayor medida a temas socioeconómicos de pequeña envergadura y de convivencia ciudadana.

Sería un avance en el ámbito del derecho de la convivencia ciudadana y una innovación en la manera de ayudar a desatascar la justicia.

Este método tendría una aplicación en lo civil, mercantil, laboral, etc.

El pacto a que se llegue en cada caso tendría el valor de una sentencia, es decir, la decisión acordada equivaldría a la condición de cosa juzgada. Estas medidas otorgarían mayor velocidad, seguridad, veracidad jurídica y reduciría el tiempo de resolución de los conflictos porque ambas partes quedarían satisfechas por voluntad propia.

Con esto se perseguiría introducir mayor agilidad, sencillez y eficacia en el sistema judicial y ayudaría mucho a desatascar el Poder Judicial.

Tendría que haber un consenso entre el órgano central y los regionales de la justicia y la voluntad de divulgación para que el pueblo acepte las ventajas de aplicar estos pactos.

Estos pactos darían una oportunidad a los contrincantes de terminar con sus sufrimientos judiciales porque nadie quiere estar inmerso en un proceso judicial que solo beneficiará a una de las partes y para la otra será una experiencia traumática por los gastos y el tiempo que generan estos conflictos.

El poder público, la abogacía y parte de la judicatura, son testigos y comparten con cierta impotencia este desaliento social frente al principio constitucional de tutela judicial para lo cual tendría que buscarse una alternativa.

El pacto entre las partes sería un procedimiento que se antepondría al judicial, para evitar procesos contenciosos largos que atascan más la justicia ya casi inoperante en el mundo. Para esto se requiere madurez social, responsabilidad ciudadana y voluntad judicial, ofreciendo a las partes la posibilidad de resolver sus disputas con la presencia, pero sin la intervención, del juez que estaría solo para avalar los acuerdos de las partes.

La solución acordada por las partes en presencia del juez sería revalidada en el Palacio de Justicia con presencia de los contrincantes que serían absueltos de culpa y el caso, archivado.

Un código de conducta y un estatuto, dictados por la Corte Suprema de Justicia, permitirían a los jueces canalizar y avalar la solución pactada por las partes.

JUICIOS RAPIDOS

Los juicios rápidos serían una ayuda muy valiosa para poder desatascar el Poder Judicial.

El Poder Judicial debería dar prioridad y mucho empuje a estos procedimientos simples pero muy efectivos para aliviar la carga judicial.

Juicios rápidos para casos que estén atascados mucho tiempo sin solución, para casos en los que no esté de por medio la vida de los seres humanos, ni las estructuras sociales, familiares y medioambientales. En estos casos no se tiene por qué terminar en prolongados asuntos judiciales.

El procedimiento

Los abogados de las partes en conflicto, por encargo de los contrincantes, solicitan en conjunto al Tribunal Superior Regional que les asigne un juzgado, con un juez ad hoc para un juicio rápido.

El Tribunal Superior, en fecha lo más próxima posible, le asignaría un juzgado y un juez ad hoc para el caso.

Los abogados y las partes en conflicto colaborarían con el juez para que el juicio sea lo más breve posible.

La sentencia dictada por el juez ad hoc sería revalidada en el Palacio de Justicia delante de las partes contrincantes, y archivada.

Este procedimiento se podría aplicar en el ámbito judicial, pero cuando el delito no reviste gravedad, ni afecte a terceros y principalmente que los casos lleven mucho tiempo sin ser vistos.

Lo que se perseguiría con estos procedimientos es descargar la acumulación de juicios sin resolver lo más rápido posible.

Un "código de conducta y un estatuto" permitiría a los jueces resolver estos casos de forma rápida, eficiente y satisfactoria para ambas partes.

JUZGADOS MENORES

Un "código de conducta y un estatuto", dictado por la Corte Suprema de Justicia, daría las pautas para el desarrollo de las actividades en estos juzgados. También nombraría a los jueces que presidirían estos juzgados.

Los jefes de práctica, los alumnos de último año de abogacía de las universidades y colegios profesionales, ayudarían a la tarea de descongestionar el Poder Judicial y a la vez les serviría de práctica en sus estudios.

Los locales serían las comisarías de policía, universidades, los colegios profesionales, adaptados para este fin.

Los Tribunales Superiores asignarían a estos juzgados los casos más antiguos y fáciles de resolver.

La policía nacional, de investigaciones o judicial, tendría una labor importante en la resolución de estos casos porque tendrían mucho tiempo de cometidos.

La sentencia dictada por estos juzgados sería revalidada en el Palacio de Justicia y notificada a las partes en conflicto, y archivada.

TRIBUNAL INTERNACIONAL DE JUSTICIA

Renovación total del Tribunal Internacional de Justicia o, en su defecto, la creación de uno nuevo bajo el seno de la Organización de las Naciones Unidas.

Primeramente, el Tribunal Internacional de Justicia debe estar compuesto por 198 profesionales -uno de cada país integrante de la ONU- especialistas en Derecho Internacional. Para que en la Asamblea General las votaciones sean justas, cada país daría un voto.

El actual tribunal no tiene la capacidad de acción global que necesita un organismo de estas características, ni la autoridad legal, ni moral para emitir un juicio que sea justo y satisfaga a todos los países miembros, por lo reducido de sus integrantes, la forma de elección de sus miembros y que no se sepa quién dirige la organización. Tampoco está sometido a ningún control interno ni externo. Por estas y otras razones este tribunal no debe continuar porque la experiencia nos hace concluir en la inutilidad de someter cuestiones a su consideración.

Las opiniones consultivas emitidas recientemente por el Tribunal Internacional de Justicia no tienen nada que ver con el derecho internacional sino más bien con la política que dictan los países poderosos económicamente.

El Tribunal Internacional de Justicia debe ser un ente único, autónomo e independiente y no obedecer a ningún poder que exista en el mundo.

El control externo lo debe llevar la Organización de las Naciones Unidas.

Cuando un país o países presentan un problema que no pueda ser solucionado pacíficamente, internamente o entre ellos es cuando debe intervenir la ONU y poner el caso a consideración del Tribunal Internacional de Justicia quien nombraría una comisión de 10 juristas internacionales entre sus miembros que deberían ser de países colindantes o próximos al país o países en conflicto, quienes harían las investigaciones y los análisis respectivos. Luego emitirían un informe o veredicto, que sería sometido a la Asamblea General del Tribunal Internacional de Justicia, para su aprobación, rechazo o para pedir modificación del informe. Luego sería remitido a la ONU para su aplicación.

En el caso de secesiones lo primero que cuenta es el derecho constitucional interno de cada país.

La comisión tendría que pedir al país en peligro de secesión un referéndum a nivel nacional para ver si su población está de acuerdo o no. Después, escuchar las razones de ambas partes y a partir de ahí hacer comprobaciones, estudios, análisis para poder emitir su informe o veredicto.

El representante ante el Tribunal Internacional de Justicia sería nombrado por el Consejo Supremo de Gobierno a propuesta del Poder Judicial.

PODER ELECTORAL

Es otro de los poderes del Estado, que debe ser autónomo e independiente en el cumplimiento de sus funciones que le otorgarían la Constitución y las Leyes del Estado, como los demás poderes del Estado.

Debería ser el órgano civil encargado de realizar, controlar y legitimar todas las elecciones, sorteos, concursos, rifas de la vida socioeconómica, financiera, cultural y política a nivel nacional.

Toda licitación, concursos, contratos de obra, subastas, abastecimientos o compras a gran escala del sector público deben ser realizados, refrendados, autorizados y controlados por este poder.

La administración del poder electoral debería ser profesional e independiente para cumplir las funciones que le otorgarían la Constitución y las Leyes del Estado. Tiene como finalidad garantizar la transparencia y objetividad de todos los eventos que realicen tomando como norma el principio de igualdad para todos.

Este poder debería ser siempre apolítico, es decir, que en su elección no intervendrían los partidos políticos.

Las bases para las elecciones, sorteos, concursos, rifas las debería dar, refrendar o autorizar este poder.

Este poder tendría su sede central en la capital del país, como los otros poderes, y las oficinas regionales, provinciales y distritales serían instaladas dentro del ayuntamiento de cada distrito.

Estas sedes estarían dirigidas por los presidentes y vicepresidentes nacionales y regionales, jefes provinciales propuestos por las regiones, distritales que serían las personas encargadas, propuestas por los ayuntamientos, como un síndico dentro del consejo administrativo, pero tendría que ser autorizado por las oficinas regionales electorales.

Este poder estaría formado por la Junta Electoral Central, dirigida por el presidente y vicepresidente del Jurado Nacional de Elecciones; las juntas regionales electorales, dirigidas por los presidentes y vicepresidentes de los jurados regionales electorales; las juntas provinciales electorales, dirigidas por jefes nombrados por las regiones electorales y las oficinas distritales, dirigidas por personas encargadas, nombradas por los ayuntamientos distritales, pero autorizadas por las juntas regionales electorales.

El Poder Electoral, según cada Constitución, se debería situar en una posición institucional de paridad con los demás poderes del Estado.

ELECCIONES EN LAS INSTITUCIONES DEL ESTADO

Proposición, elección y designación de las principales autoridades de los países.
Los poderes del Estado (primer nivel)

PODER EJECUTIVO

Presidente y vicepresidentes, elegidos por sufragio universal, libre, directo y secreto.
En su elección participan los partidos políticos.
El presidente propone a sus ministros, que serían nombrados por el Consejo Supremo Nacional de Sabios o en algunos casos por el rey.

PODER LEGISLATIVO

Los diputados, elegidos por sufragio universal, libre, directo y secreto.
En su elección participan los partidos políticos.
El presidente y vicepresidente son elegidos por el Congreso de los Diputados en asamblea general y nombrados por el Consejo Supremo Nacional de Sabios o en algunos casos por el rey.
Estos dos poderes son elegidos en un mismo sufragio.

PODER FISCALIZADOR O CAMARA TERRITORIAL

Presidente y vicepresidente, elegidos por sufragio universal, libre, directo y secreto.
En su elección no participan partidos políticos; El presidente propone a sus ministros, que serían nombrados por el Consejo Supremo Nacional de Sabios o en algunos casos por el rey.

Ministerio Fiscal, compuesto por el fiscal general y demás fiscales.
Ministerio Territorial, compuesto por las diferentes regiones.
Ministerio de Control, compuesto por instituciones y empresas particulares de control.
Ministerio de la Administración, compuesto por las administraciones particulares y públicas.
Las elecciones del poder fiscalizador se harían un año después que las de los poderes ejecutivos y legislativos junto con las elecciones regionales y locales.

Los candidatos deberían ser propuestos por entidades o colegios profesionales, culturales y organismos de carácter social de cada región, sobre todo profesionales, según las funciones que van a desempeñar en el Gobierno.

PODER ELECTORAL

Presidente y vicepresidente nacional; los presidentes y vicepresidentes regionales serían propuestos por los gobiernos regionales elegidos en elecciones internas y nombrados por el Consejo Supremo Nacional de Sabio o en algunos casos por el rey.

Para tal efecto cada región propondría tres candidatos que saldrían de sus elecciones internas. Y enviaría su currículum: hoja de servicios, estudios profesionales de cada uno de ellos al Consejo Supremo Nacional de Sabios para su estudio, evaluación y posterior elección y designación por méritos, según fichas personales y su capacidad para desempeñar el cargo como autoridades de primer nivel de este poder.

El presidente propondría a sus ministros, que serían nombrados por el Consejo Supremo Nacional de Sabios, o en algunos casos por el rey.

Ministerio de Elecciones Nacionales, Regionales y Distritales.

Ministerio de sorteos, concursos, rifas a nivel nacional.

Ministerio de licitaciones, concurso de adquisiciones, contratos de obras, subastas, abastecimientos o compras a gran escala del sector público y concursos para cubrir plazas administrativas nacionales y regionales. Las nacionales serían de segundo nivel y las regionales de tercer nivel. Todas las propuestas de los candidatos serían dadas por las regiones.

Los nombramientos de los jefes electorales provinciales y distritales serían internamente en cada región. En la elección no participarían los partidos políticos.

PODER JUDICIAL

El Consejo General del Poder Judicial es el órgano de gobierno de jueces y magistrados.

El Tribunal Supremo de Justicia estaría formado por el presidente y vicepresidente del Poder Judicial y sus vocales, uno por cada región; presidentes y vicepresidentes de los tribunales superiores o regionales de justicia.

Estos candidatos serían propuestos por los tribunales superiores o regionales de justicia, elegidos en elecciones internas de cada región y nombrados por el Consejo Supremo Nacional de Sabios o por el rey, en algunos casos. Cada región propondría 6 magistrados de máxima categoría y honorabilidad intachable para que el Consejo Supremo Nacional de Sabios realice un estudio, evaluación y posterior evaluación y designación, según méritos sacados de su currículum: historial profesional, hoja de servicio, como autoridades de primer nivel del Poder Judicial.

Realizadas las elecciones internas y elegidos los 6 candidatos de cada región: el primero y segundo candidato serían para nombrar el presidente y vicepresidente, sus vocales y autoridades nacionales de primer nivel del Poder Judicial; el tercer y cuarto candidato sería para nombrar a los presidentes y vicepresidentes de tribunales superiores o regionales del Poder Judicial; quinto y sexto candidato serían para nombrar a las autoridades del Tribunal Constitucional como presidente, vicepresidente y sus miembros, uno por cada región.

Cada región judicial enviaría al Consejo Supremo Nacional de Sabios, por mediación de sus secretarías generales regionales, todos los datos de sus candidatos.

Elecciones de autoridades de segundo nivel:

Para elegir a presidentes y vicepresidentes o autoridades de las instituciones estatales de segundo nivel, después de los poderes del Estado, en todo el territorio nacional, se procedería de forma similar al primer nivel del Poder Judicial. Pero el que realizaría el estudio, evaluación y su posterior elección y designación sería el Consejo Supremo de Gobierno y no el Consejo Supremo Nacional de Sabios, siempre tomando como base de estas elecciones a los gobiernos regionales que serían los que proporcionarían los candidatos.

Cada institución a nivel regional propondría dos candidatos para cada puesto o cargo que se va a cubrir, uno a nivel nacional y otro a nivel regional. Y enviaría su currículum: historial profesional y hoja de servicios, por medio de las secretarías generales regionales, al Consejo Supremo de Gobierno que elegiría el que más convenga para cada puesto por cubrir para instituciones de segundo nivel como el Tribunal de Cuentas, el Defensor del Pueblo, el Consejo de Estado, el Banco de la Nación, el Instituto Nacional de Estadística, etc. En estas elecciones no participarían los partidos políticos.

La Policía Nacional, la Guardia Civil, la Policía Judicial, la Policía Municipal y los miembros de las Fuerzas Armadas (FFAA) tienen una legislación especial para sus ascensos. En los nombramientos de los niveles superiores debe intervenir el Consejo Supremo de Gobierno y el Consejo Supremo Nacional de Sabios. Los sueldos y salarios deben estar supeditados al escalafón a nivel nacional. Los partidos políticos no deben intervenir para nada en estas instituciones.

Elecciones de autoridades de tercer nivel:

La elección de presidentes, vicepresidentes o autoridades de instituciones estatales regionales de tercer nivel se haría en cada región, incluidas las instituciones de control de empresas particulares que estarían dentro del poder fiscalizador. Cada una de estas instituciones harían elecciones internas, supervisadas y controladas por el Poder Electoral. No participarían los partidos políticos.

Son instituciones de tercer nivel, por ejemplo, la Comisión Nacional de Mercado de Valores, la Superintendencia Nacional de Banca y Seguros, los rectorados de universidades, los colegios profesionales, los jefes y funcionarios de primer nivel regional perteneciente a los 5 poderes del Estado, etc.

Los puestos de directores, administradores, juristas contables estadísticos y, en general, profesionales serían cubiertos por concurso nacional, regional, provincial, según currículum y realizado por el Poder Electoral.

Todas las elecciones de instituciones y empresas del Estado a partir del segundo nivel deben ser supervisadas por el Poder Electoral.

LA LEY

Desde siglos atrás, y aún más en democracia en todo el mundo, las leyes sirven para la legalización del delito en toda su expresión para políticos, abogados, jueces, adinerados y gobernantes corruptos.

Casi todas las leyes en el mundo son hechas por políticos para favorecer al gran capital en este sistema neoliberal en que vivimos.

Por eso se requiere un cambio en el sistema socioeconómico financiero actual para que se distribuyan mejor las utilidades de la producción y la comercialización en todo el mundo entre todos los seres humanos.

En la actualidad, la gran mayoría de los adinerados deben sus grandes fortunas a que han cometido abusos y excesos contra el pueblo, cuanto más dinero tienen, más abusos y excesos han cometido contra la humanidad. Es el momento de un cambio del sistema socioeconómico financiero para que devuelvan al pueblo sus derechos, siendo más justo y equitativo el reparto de las utilidades por producción y comercialización en todo el mundo.

Es inaudito, insólito, aberrante, inhumano e increíble que una persona tenga más dinero que una nación y, en ciertos casos, que varias naciones a la vez.

TRIBUNAL CONSTITUCIONAL

Reforma de la norma reguladora del Tribunal Constitucional en todos los países del mundo.

El propósito de limitar la continuidad en sus cargos de los magistrados cuando su mandato preceptivo haya vencido; control de esta institución estatal; despolitización de la misma; contra sus decisiones inapelables; contra la verdad absoluta de esta institución porque por ningún motivo puede estar sobre los poderes del Estado y sobre todas las cosas.

Puede ser el intérprete de la Constitución, el máximo órgano de protección de la Constitución y la garantía de los derechos fundamentales.

El Tribunal Constitucional ejerce la función exclusiva de interpretación de la constitucionalidad de las leyes siendo sus decisiones vinculantes en todo el territorio nacional, y contra las que no caben recursos; ningún órgano judicial le puede corregir a excepción de Tribunal Internacional de Derechos Humanos.

En el mundo, en ningún país democrático, debe permitirse que haya instituciones que no estén sometidas a ningún control, ya que sería una isla en el aparato de gobierno democrático de una nación, sería una institución ajena a la realidad del país porque nadie es dueño de la verdad absoluta, más cuando es un organismo multiopiniones de interpretación de las leyes. Y cuando la elección de los miembros de esta institución es politizada porque los tribunales constitucionales en el mundo están afectados de una impresentable politización y sectarismo, sus miembros muchas veces no hacen caso a las normas que rigen a la institución que ellos defienden contra los demás ciudadanos y a favor del poder político. Los partidos políticos deberían ser conscientes de que sus manipulaciones han situado al Tribunal Constitucional y al Consejo General del Poder Judicial en una situación límite, pues se ha perdido la credibilidad en estas instituciones por parte de la ciudadanía.

El Tribunal Constitucional debe ser un ente apolítico ya que se le considera el guardián de la Constitución, independiente de todo poder. Es el que vela porque se respeten todas las normas de la Constitución de todo país. Pero si él no la respeta, qué se puede esperar del resto.

La Constitución es el instrumento que rige la vida socioeconómica de los seres humanos de un país.

El tiempo de cada periodo de gobierno de esta institución tendría que ser igual al de los poderes del Estado y su edad para postular sería 60 años para que al término de su mandato se puedan jubilar.

El control del Tribunal Constitucional estaría a cargo del Consejo Supremo Nacional de Sabios, quien estudiaría y analizaría las decisiones del Tribunal Constitucional. Si estimara conveniente dar una sugerencia, unas recomendaciones y posibles correcciones a las decisiones del tribunal, las daría sin ánimo de imponer. El Tribunal revisaría su decisión en base a estas sugerencias para ofrecer la decisión definitiva.

Los consejos superiores o regionales de justicia serían los que en elecciones internas propondrían los candidatos para el Tribunal Constitucional y el Consejo General del Poder Judicial, según currículum de los postulantes.

Actualmente el procedimiento de designación de los miembros del Tribunal Constitucional está a cargo de los partidos políticos en el poder, los mismos que designan a los miembros del Consejo General del Poder Judicial. Es aberrante porque no es un proceso democrático

La elección y proposición de los candidatos para magistrados miembros del Tribunal Constitucional sería en un número igual a las regiones de cada país. Para esto cada región propondría dos candidatos. Se haría en conjunto con los miembros del Consejo General del Poder Judicial y se enviarían los currículum de todos al Consejo Supremo Nacional de Sabios para su elección y nombramiento.

El Tribunal Constitucional, como todo organismo del primer nivel del Estado, solo tiene la obligación en materia presupuestaria de elaborar sus presupuestos y enviarlos al Tribunal de Cuentas para su análisis, aprobarlos o no, siempre con el visto bueno del Consejo Supremo Nacional de Sabios y la orden de ejecutar del Consejo Supremo de Gobierno.

El Tribunal Constitucional normalmente se pronuncia cuando le son planteados recursos sobre la constitucionalidad de alguna norma con rango de ley. Dichos recursos solo pueden ser legalmente planteados por el presidente de Gobierno, 50 diputados, el Poder Fiscalizador, el Defensor del pueblo y los parlamentos y gobiernos regionales.

La Ley

CONSEJO GENERAL NACIONAL DE LA ADMINISTRACION

La administración es una de las tres partes principales de toda institución o empresa, tanto en entidades públicas como en empresas privadas.

Toda administración debe ser profesional independiente.

La administración debe ser la columna vertebral de toda institución o empresa.

La administración es la que ejecuta profesional y técnicamente la política dictada por la dirección de la empresa, tanto pública como privada: se encarga de las acciones, las coordinaciones, los controles que se realizan dentro de las instituciones o empresas para producir un bien o servicio.

Una administración profesional e independiente es la base para que toda institución o empresa salga adelante, cumpliendo con todas sus obligaciones con el gobierno y sus trabajadores.

La administración es el organismo dentro de las instituciones o empresas encargado de dirigir, administrar y controlar todas las funciones, acciones, coordinaciones en la prestación de servicios o en la producción de bienes dentro del ámbito profesional, legal y constitucional.

La administración también realiza funciones de control dentro de la empresa, ya que controla todas las actividades de la empresa: sus activos, el personal, la maquinaria, los tiempos, las materias primas, la energía, insumos, las ventas, las compras, los pagos y toda clase de gastos, etc.

La administración es la responsable de organizar, coordinar y poner en marcha todos los procesos productivos y de servicio dentro de la empresa. Las instituciones o empresas, estatales o privadas, nunca se han preocupado en tener una administración profesional e independiente ya que siempre las administraciones de las instituciones públicas, como las empresas privadas, son dominadas políticamente por la dirección de la empresa. En lo público se requiere una buena administración profesional e independiente para evitar los malos manejos, la corrupción y el desastre económico del Estado. Y es la base para que el país encuentre el auge económico y social que se requiere.

La administración debe ser un ente apolítico. Todo puesto público administrativo de categoría superior debe ser cubierto por concurso público a nivel nacional y efectuado por el Poder Electoral según estudios técnicos, profesionales y experiencia.

Por su parte, los puestos de categoría inferior a nivel local deben decidirse según currículum.

Toda administración independiente, tanto pública como privada, debería considerarse parte de la administración del Estado dentro de su institución o empresa para efectos del control de los impuestos y una garantía de las remuneraciones de los trabajadores.

A la administración independiente se le debería responsabilizar por ley de todo lo malo que suceda dentro de sus funciones en la empresa. El Consejo General Nacional de la Administración debería ser el órgano rector de toda la administración pública y privada a nivel nacional y pertenecer al Poder Fiscalizador.

El Consejo debería coordinarse con las universidades para la preparación de mejores profesionales, y con las empresas para satisfacer sus necesidades según sus actividades. Cada región administrativa, por medio de los colegios profesionales y la supervisión del poder electoral, en elecciones internas, elegirá 4 candidatos y enviará sus currículum al Consejo Supremo de Gobierno para el estudio y análisis de los candidatos, y así poder nombrar a las autoridades nacionales y regionales de este organismo. Para las autoridades de segundo orden de este organismo se harían elecciones internas en cada región, siempre supervisadas por el poder electoral (Consejo General Regional de la Administración).

Todos los administradores profesionales deben estar inscritos y prestar juramento de lealtad y honradez al Consejo General Nacional de la Administración. La inscripción se haría en las dependencias del poder fiscalizador regional.

Todas las entidades educativas, de salud y empresas de servicios sociales o públicos básicos deben ser estatales. En el caso de las ya establecidas, las utilidades se repartirán entre gobierno central (30%), el gobierno regional (30%), el capital nacional o extranjero (30%) y el 10 % restante iría a un pozo de garantía para una emergencia. Para su control estaría el Consejo Nacional General de la Administración.

Universidades, institutos, colegios, escuelas, hospitales, clínicas, centros de salud, empresas de servicios básicos públicos y particulares deben estar supervisados y controlados por el Poder Fiscalizador mediante sus ministerios administrativos y de control de empresas y entidades particulares quienes solicitarán al Poder Electoral que, por medio del Ministerio de Licitaciones y Concursos, saque a concurso las plazas administrativas de estas entidades.

EN LO ECONOMICO

Las actividades económicas de todo país deberían comenzar desde abajo. La economía de un país, para que crezca sólida, debe planificarse desde los cimientos para establecer la base del desarrollo y bienestar económico de cada país y poder soportar cualquier clase de crisis con la formación en cada sector de la población, empresas unipersonales, profesionales, familiares y pequeñas con capitales, tripartidos (con participación de los gobiernos regionales y locales y capital particular nacional). La participación de los gobiernos en estas empresas solo sería en el control y el capital aportado. En épocas de crisis como esta, hay que tratar de maximizar y actuar sobre los ingresos y en lo posible minimizar los gastos.

En cuestión de impuestos, un porcentaje sobre las entradas de cada persona según la clase a que pertenece: clase baja como uno; clase media, como dos, y clase alta como tres, siempre llevado al porcentaje. Igual sucedería con las empresas, pequeñas, medianas y grandes.

Para conseguir un crecimiento económico con equidad, justicia social y creación de empleo es preciso un cambio en la política económica a nivel mundial, para desterrar el hambre y la pobreza de esos miles de millones de seres humanos desprotegidos.

Un cambio para que se distribuyan mejor y equitativamente las riquezas y los beneficios de las actividades económicas en el mundo.

Un cambio para eliminar los monopolios y oligopolios privados, sobre todo en los servicios públicos sociales como salud, educación y servicios básicos del pueblo, créditos financieros y ramas enteras de la producción y comercialización de alimentos.

Un cambio que abra paso al desarrollo y al progreso económico de la humanidad.

Un cambio para que todos los países logren una industria y un agro capaces de abastecer las necesidades prioritarias de su población.

ANILLO ECONOMICO FINANCIERO

La responsabilidad de todos los países de una región o continente es luchar por la unión, integración y desarrollo social, económico y financiero de sus habitantes. Debe procurarse la construcción de un anillo o círculo económico financiero de comunicaciones y suministros. Este anillo tendría instalaciones de carreteras, vías férreas, redes eléctricas y de comunicaciones, oleoductos y gaseoductos para poder transportar toda clase de materias primas, energéticas, productos agrícolas y mercancías entre los diferentes países de la región. El anillo tocaría un punto estratégico en cada país de la región y desde allí cada país lo llevaría a lugares adecuados para poder crear polos de desarrollo industriales y comerciales nacionales que favorezcan su economía.

Las materias primas, los productos agrícolas y las mercancías que circulen por estos anillos tendrían que abastecer primero a los países de la región o continente, después se exportarían a otras regiones o continentes.

También habría que crear una moneda única para todos los países de la región que sirva para unificar los precios de la materia prima y energética de esos países, y para imponer condiciones al comercializar con los países industrializados. A nivel mundial, se tendría que globalizar a todos los países exportadores de materia prima y energética, para hacer un frente común contra los países industrializados mediante la creación de un grupo GXXX, con estos países.

En estos momentos de fracaso total del sistema neoliberal y de crisis económica y financiera generalizada a nivel mundial, debemos aprovechar para regular, controlar y organizar todas las actividades económicas, financieras, comerciales, administrativas, sociales, culturales para que beneficien a toda la humanidad y no a unos cuantos.

En lo posible, a nivel mundial, se deberían crear empresas de capitales tripartitos, donde intervendrían los gobiernos centrales, regionales y locales.

Modernización y ampliaciones de poblaciones con posibilidades y capacidades productivas tanto industriales como agrarias y que puedan crecer física, económica, social, cultural, etc., mediante la formación de empresas con capitales tripartitos para absorber parte de los trabajadores que están despedidos y en paro. Así se dejarían de pagar los subsidios del paro y las bonificaciones por desempleo y, al contrario, se seguiría ingresando por impuesto al valor adquirido (IVA).

ECONOMIA BENEFICIOS

Los intereses, beneficios, ganancias, utilidades de toda actividad económica financiera de un país deben tener tres beneficiarios: gobierno central, regional y capitales privados nacionales o extranjeros.

CONSECUENCIAS DE LA CRISIS EN LA ECONOMIA MUNDIAL

En la mayoría de los países del mundo, el PRODUCTO BRUTO INTERNO (PBI) cayó, lo que equivale a una contracción de la actividad económica. La demanda externa en el mundo se ha resentido enormemente debido a la crisis internacional.

La fuerte caída del consumo interno trae como consecuencia el desplome del PBI.

La caída de la inversión a nivel mundial está relacionada con la actividad económica en declive y con las dificultades financieras para acceder a los préstamos. La contracción del consumo interno está vinculada al aumento del desempleo.

Las variables son la caída del consumo tanto interno como externo, el aumento del desempleo, la baja actividad económica y la caída de la inversión a nivel mundial los cuales se retroalimentan fatalmente.

Las medidas a aplicar para salir de la recesión económica que estamos viviendo serían:
Mejorar los salarios a los trabajadores.

No debe haber recortes salariales, las empresas deberían poner algo de su parte.

Todas las fuerzas vivas de la economía deberían estar abocadas a dar una solución al empleo, porque sin él no hay consumo, ni producción, ni ventas, ni entradas al gobierno.

Los salarios dignos no son los causantes de la crisis económica financiera actual sino en todo caso la solución, ya que permitiría mantener el consumo y la demanda y dar salida así a la producción y a la inversión.

Incrementos salariales al pueblo y a la clase media, no a la alta, para reactivar el consumo y evitar la deflación (que los productos se vendan a un precio más bajo que su coste de producción).

Tener un plan de choque integral para frenar el aumento del paro y garantizar la protección social para las personas sin empleo y, sobre todo, para los que ya han agotado sus prestaciones.

Formación de empresas con capitales tripartitos, en lugar de pagar subsidios a los trabajadores como el paro, las bonificaciones por desempleo y ayudas directas de los gobiernos central y regional.

Los gobiernos deben parar las ayudas a los bancos porque ya han tenido bastante y no han hecho nada por la economía de los países.

Las empresas pequeñas y medianas en estos momentos deben ser la prioridad de todos los gobiernos, principalmente las que sean empresas con capitales tripartitos para asegurar el empleo y los salarios de los trabajadores y la recaudación de los impuestos. Las grandes empresas deben sacar el capital de los paraísos fiscales.

Las hipotecas basura son una de las principales causas de la crisis y la ambición de los bancos la culpable de esta situación. Se están quedando con la mayoría de las casas y las cuotas ya aportadas por los ciudadanos, y encima les obligan a terminar de pagarlas: ¿por qué dicen que tienen que cumplir con sus contratos que se hicieron en circunstancias de bienestar económico? Las circunstancias han cambiado por culpa de las entidades financieras y los bancos. En este momento la gente no puede pagar hipotecas leoninas sobre precios que estaban incrementados en un 200% sobre el precio real de la vivienda, los intereses y otras tasas, que hacen que un trabajador con un jornal normal, y muchos sin empleo, no estén en condiciones de pagar. Los bancos y entidades financieras nunca pierden, sus utilidades anuales se incrementan en millones, los sueldos y beneficios de los funcionarios en plena crisis aumentan de una forma insultante y perversa en relación con el salario del trabajador que nada tiene que ver con la crisis.

Las deudas de las personas, empresas y los gobiernos a las entidades financieras y los bancos podrían quedar nulas, debido a que las circunstancias son distintas a cuando se hizo el contrato o acuerdos. En cuanto a las personas, no son las responsables de esta crisis, sino las entidades financieras y los bancos por su ambición desmedida de ganar dinero. Por otra parte, deber no es un delito, la ley no contempla castigo, pero si se tiene dinero y no se paga, eso sí es un delito, pero no penado por ley.

POLITICA ECONOMICA DE LOS GRANDES ORGANISMOS ECONOMICOS MUNDIALES CONTROLADOS POR LA DERECHA CAPITALISTA

Son celosos guardianes del credo neoliberal como el Fondo Monetario Internacional, el Banco Mundial, la Organización Mundial de Comercio, el Departamento del Tesoro de EEUU, los Ministerios de Hacienda de los principales países occidentales. Su hermética defensa de la doctrina y de la práctica del neoliberalismo no admite una sola excepción y su sustancia se resume en estos tres principios: Libertad total para los intercambios de bienes capitales y servicios, desregulación absoluta de la vida económica de los países, sin ningún tipo de reglas, y reducción drástica del gasto público en los países, establecido en volúmenes mínimos y sometido a rígido control presupuestario sin ninguna excepción.

Como dicen los promotores liberales "el único gasto público productivo de un país es el que no se hace". Para la derecha de todo el mundo lo ideal sería privatizar todas las actividades públicas. Y lo están consiguiendo a costa del hambre del pueblo.

Nunca los ricos han sido tan ricos, ni los pobres tan pobres como ahora.

Es inaudito y aberrante que la mitad de la población mundial tenga que conformarse con menos de dos dólares diarios y un cuarto de la población mundial con un dólar, para intentar sobrevivir.

Cada cinco segundos muere un niño por causas ligadas a la pobreza y, frente a ello, cada día se multiplica vertiginosamente la fortuna de los ricos.

Es ilógico que unos cuantos individuos situados en la cumbre patrimonial dispongan de fortunas superiores a la suma de lo que tienen más de 100 millones de individuos con menores recursos.

Un director ejecutivo medio de una gran empresa gana 300 veces más que un empleado medio; esto nada tiene que ver con la eficacia de su gestión en la empresa, ya que los resultados se manifiestan con esta crisis.

Y luego dice la derecha que ese desafuero y todas las otras fechorías globales son inevitables, como consecuencia de la situación mundial.

Un informe sobre el desarrollo de los recursos humanos desmonta una vez más el mito que sostiene la derecha de que la pobreza global deriva de un conjunto de circunstancias inmodificables por los escasos recursos disponibles frente a tanta población desasistida; de allí la malnutrición, las continuas enfermedades, la explotación, el crimen, el analfabetismo, la mortandad infantil, lacras que podían eliminarse y evitarse si se pusiera fin a este orden social y al sistema neoliberal actual cuyo objetivo principal es el de aumentar la riqueza de los ricos.

¿Hasta cuándo tendremos que tolerar tanta ignominia y cuándo pondremos fin a tanta abominación?

La sociedad debe cuestionar al capitalismo explotador y esclavizante que glorifica la riqueza de unos pocos y mata de hambre a la mayoría de los seres humanos; y buscar una alternativa más justa para toda la humanidad.

Los bancos de inversión dominan la política económica y financiera a nivel mundial, y según lo actuado hasta ahora, se ve que no hay intención de cambio y que las medidas anunciadas solo son de un grupo de ricos que piensan en cómo engañar para calmar al pueblo y a los mercados; para seguir enriqueciéndose a costa del pueblo y olvidarse de los millones de hambrientos que hay en el mundo, que esperan la compasión de un trozo de pan de los ricos.

Los G-8, G-20 no son organismos competentes para proponer soluciones a la crisis provocada por ellos mismos. Son los ricos tomando medidas en su beneficio, sin pensar que esta crisis afecta al pueblo, a los más necesitados y no a los capitalistas.

Lo único que han hecho estos organismos hasta ahora es proponer reformas menores, que ni siquiera han aplicado, porque no les interesa, esperando que los pobres se olviden o se mueran de hambre para volver a lo mismo hasta la próxima crisis, para volver a proponer reformas siempre en contra del trabajador hasta que vuelva la esclavitud, para lo que falta poco, si el pueblo lo permite votando por los explotadores.

La especulación de las grandes empresas financieras es uno de los problemas más urgentes y difíciles de resolver. Se debe atacar con contundencia a estas organizaciones delictivas. Los políticos que proponen cambios son los mismos que los frenan en el Congreso.

La mayoría de los ministros de Economía, Hacienda y hasta presidentes de la nación proceden de la banca de inversión de los países capitalistas porque esos bancos dominan la política económica a nivel mundial.

Habría que luchar con fuerza contra los paraísos fiscales y el sector bancario de los poderosos y apostar por bancos éticos, si los hubiera. Tomar medidas urgentes a favor de un reparto del trabajo entre todos los países porque va a ser muy difícil recuperar los puestos destruidos por la crisis.

CHINA EL GIGANTE ASIÁTICO

La nueva superpotencia económica del siglo XXI que ha venido a formar parte de la elite del capitalismo de Estado y empresarial a nivel mundial. Hace ya varios años que ha dado una vuelta por completo al comunismo radical de Mao Tse Tung hacia el sistema neoliberal de Occidente, al menos su cúpula de gobierno que de la noche a la mañana se ha vuelto multimillonaria, ha privatizado las empresas estatales, ha dejado entrar en su economía a las grandes empresas occidentales que producen no tanto para el mercado interno de China, que sería lo ideal, sino en su mayoría para el mercado externo, copando con sus mercancías todos los mercados de los países donde estas empresas producían y daban trabajo a sus poblaciones e ingresos a sus gobiernos. Ahora la deslocalización de estas empresas consiste en cerrar en sus países de origen para invertir en China, dejando en la calle a millones de trabajadores y a gobiernos sin ingresos, hundiendo a la mayoría de las pequeñas y medianas empresas, con la exportación de las mercancías fabricadas en China, con capitales de las grandes empresas occidentales y del gobierno chino. Han matado el comercio autóctono con la ayuda de la voracidad de los bancos y entidades financieras internacionales y han traído esta crisis tan brutal.

Los únicos beneficiados de este sistema liberal chino son las grandes empresas internacionales y la cúpula del gobierno chino, el pueblo casi no participa en los beneficios de la producción. Las grandes empresas fabrican en China, pero la mayor parte de la producción la exportan a países de todo el mundo donde multiplican sus beneficios.

China, un régimen unipartidista, sin elecciones generales.

China, con una población de más de mil millones de habitantes en su gran mayoría pobres y sin empleo, es considerada la factoría del mundo donde las mayores empresas del mundo están invirtiendo miles de millones atraídas por la mano de obra barata y las facilidades para la fabricación de productos industriales que les da el gobierno. A base de la explotación de su pueblo.

Su gran población debería ser un gran mercado interno para su producción industrial y de servicios. Pero para lograrlo tendría que haber primero la voluntad del gobierno chino para cambiar rotundamente su política económica, que no beneficia ni al pueblo chino ni a los pueblos de donde provienen las grandes empresas.

Este comunismo ultraderechista que de la izquierda radical ha pasado a la ultraderecha debería adoptar una buena política económica y social, y pagar mejor a sus trabajadores para incentivar el consumo interno, ya que la gran mayoría de sus habitantes no gozan de los beneficios de ese auge de las actividades económicas.

Los capitalistas chinos son un pequeño grupo de empresarios que recibieron los beneficios de las privatizaciones, al cambiar la política económica de capitalismo de Estado a capitalismo empresarial con influencia del gobierno.

La crisis ha acentuado la explotación del trabajador, con el pretexto de la competitividad: producir más a menos coste; "tenemos que ser más competitivos" proclaman los patrones con la benevolencia del gobierno mientras los jefes de la oposición lo aceptan atribuyendo la falta de competitividad más o menos colectiva. Los sindicatos prometen impulsar la competitividad matizando la promesa con ciertas condiciones, lo que significaría producir más con el mismo coste. Nadie contradice al gobierno.

Competitividad es una exigencia necesaria de los centros de producción en el sistema económico neoliberal, ya que se enfrentan las mayores empresas occidentales, en pos del mercado. A partir de allí se tiene que reflexionar sobre por qué se repite por activa y por pasiva que estamos en una economía global que exige competitividad, sobre por qué se vive en una sociedad consumista de libre mercado que lo domina todo.

El significado de la palabra "productividad" es elástico, no significa lo mismo en todos los países. En ciertos países el pago de la jornada laboral equivale a poco más de asegurar la subsistencia de los trabajadores a base de arroz y poco más, y en algunas casos una servidumbre laboral muy parecida a la esclavitud, que la derecha y las grandes empresas multinacionales están pidiendo a gritos a todos los gobiernos y en la que ya se encuentran millones de niños sometidos a horarios infames y muchos muriéndose por falta de alimentos y medicinas.

Los trabajadores chinos de la mayor factoría industrial del mundo quieren participar en el gran crecimiento económico donde un capitalismo incipiente ha conseguido un espectacular crecimiento sostenido durante varios años. Este capitalismo encuadrado por el partido comunista chino ha sacado a muchos chinos de la pobreza, pero el precio para la gran mayoría de los trabajadores y casi la totalidad del pueblo chino ha sido y sigue siendo muy alto.

La corrupción en la privatización de las empresas públicas ha sido muy visible, a pesar del silencio de los medios de comunicación que son estatales.

Los servicios públicos de salud y enseñanza se han deteriorado y la población no está contenta. Los medios de comunicación tratan de ocultar esta situación, pero el pueblo lo ve y no le engañan.

En estos momentos hay un profundo malestar del pueblo chino y lo manifiesta en reiteradas huelgas de los trabajadores. El Gobierno chino y el sindicato se han dado cuenta del profundo malestar de fondo y tratan de maniobrar. Y han presentado estas huelgas como un movimiento de emancipación de la sociedad china frente al imperialismo empresarial extranjero: ellos, los principales culpables de esta situación, se lavan las manos.

Pero eso no basta, necesitan un cambio de modelo de crecimiento económico si quieren mantener lo que llaman el dominio sobre las masas. China ha sufrido un gran cambio, incluso el conservador ámbito rural se ha sofisticado en parte, ya que la mayor parte ha emigrado hacia las ciudades.

Los dirigentes de este nuevo comunismo ultracapitalista saben que tienen que construir una economía social de mayor calidad a favor del pueblo, tienen que ampliar en miles de millones la base del consumo interno, formar mejor a sus trabajadores y pagarles bien.

Se trata de una revolución en todo el sentido de la palabra que beneficia tremendamente al gran capital, pero mata de hambre al pueblo chino y a los pueblos de casi todos los países del mundo.

Una revolución de efectos incalculables a la que se tiene que prestar mucha atención por su implicación negativa en todas las economías de los países del orbe.

Hay que buscar los equilibrios salariales, de productividad, de precio de los productos y servicios sociales del pueblo. La explotación es el gran cáncer de la economía humana.

Gobiernos comunistas, que a su economía aplican el sistema neoliberal, son los que ahora están en la elite que dirige la economía mundial, junto con los países capitalistas occidentales. Sus poblaciones tienen una tasa de pobreza del 50% al 80%, según el país. Deberían primero solucionar los problemas en sus casas, antes de salir al extranjero.

China-Unión Soviética.
Doble sistema del gobierno.
Democracia para las relaciones con otros países en cuestiones económico-financieras.
Totalitarismo para gobernar a sus pueblos de un modo esclavizante y fascista.

Factoría del Mundo – Explotación

E.E.U.U. DE NORTEAMÉRICA

Gobierno conservador, privatizador, liberal, empresarial en el que mandan las grandes empresas, tanto industriales como financieras, que actúan con plena libertad, convirtiéndose muchas veces en un libertinaje económico financiero imposible de parar por los órganos estatales.

Los ultraconservadores han conquistado la economía y el corazón de la política de EEUU.

EEUU parece el mundo al revés, en la mayor crisis del capitalismo salvaje, la izquierda en el gobierno es incapaz de reformar ni ordenar nada. Al contrario, movimientos ultraconservadores de base toman las calles con mucha fuerza y se declaran inocentes de esta crisis culpando con todo desparpajo a la maniatada izquierda de todos los males de la economía mundial. Es la lucha de clase invertida. En esta situación se encuentran otros países, como España.

Las reformas planteadas hasta ahora por el Gobierno de Barack Obama han sido leves y aun así no prosperan. La respuesta es sencilla: se debe al poder del dinero en la política estadounidense. El sistema está pervertido de tal manera que complica enormemente la posibilidad de cualquier reforma importante. Y no solamente al poder de los grupos de presión financieros, aseguradoras o farmacéuticos sino también al proceso electoral, que es la madre de la corrupción política y cuesta mucho dinero en este país. Y ese dinero solo puede venir de un sitio: de la gente rica y a los ricos no les gustan los políticos que sueñan con grandes soluciones públicas para los problemas que ha causado el sector privado. Esta es la terrible fuerza que define el consenso político en EEUU.

Los demócratas se han plegado absolutamente al consenso de los conservadores ricos y aceptan en su mayor parte su programa, como la desregulación del gobierno, la ayuda a la banca, las telecomunicaciones, el libre comercio.

Los conservadores han ido más lejos de lo que se atreve el gobierno.

Cómo entender la fuerza actual de la línea dura ultraconservadora. Es algo que no se puede comprender. El sistema conservador o neoliberal de desregulación o Estado reducido a la mínima expresión ha fallado claramente. Es la conclusión obvia a la que han llegado muchos analistas de la crisis financiera. Y sin embargo los ultraconservadores vuelven por todas partes con fuerzas renovadas, sus representantes han logrado apropiarse del descontento popular para convertirse en las figuras icono de esta crisis financiera y prometen que, una vez regresen al poder, nos traerán más desregulación o privatizaciones, recortes de impuestos y un Estado aún más reducido.

Los ultraconservadores, por un lado, se sienten más cómodos y tranquilos interpelando públicamente a la furia popular desesperada y en busca de una solución a sus problemas. El pueblo cae en la mentira de los conservadores olvidándose de cómo comenzó y quiénes son los responsables de esta crisis. Los políticos de izquierda ya no entienden la furia de la gente común contra ellos.

Por otra parte, la derecha está mejor organizada y financiada, hay infinidad de grupos que trabajan en la construcción de movimientos de base, mientras tanto los movimientos de base de izquierda, es decir, los sindicatos y los movimientos de los trabajadores, están muy divididos y han continuado su decadencia bajo la presidencia de Barack Obama.

Poder Neo-liberal

Los demócratas, al abrazar la globalización, han permitido la aniquilación de sus movimientos sociales de base. Como resultado, en amplias regiones de EEUU no hay ninguna presencia progresista, ninguna argumentación que oponer a las ideologías ultraconservadoras.

El Tea Party es un movimiento de base ultraderechista que utiliza como referencia el Motín del Té contra los británicos del siglo XVIII. Es un fenómeno surgido en la recesión que organiza concentraciones (Tea paties) en diversas ciudades para denunciar los rescates de grandes empresas, los impuestos y el tamaño del gobierno. Su fuerza procede del hecho de que es prácticamente la única reacción de protesta contra el salvamento estatal de Wall Street.

Pero ha conseguido ampliar el lenguaje de protesta de la derecha: la defensa del americano medio, el resentimiento contra las elites progresistas, la supuesta fantasía de persecución estatal etc. Acusa a Barack Obama de ser una especie de agente socialista o comunista y repiten a menudo que, de hecho, no es un estadounidense de pura cepa (en referencia a su nacimiento en Hawai de padre keniata), pero se olvida de cómo se han hecho norteamericanos después de hacer desaparecer toda una civilización. Ellos lo niegan, pero se nota una relación con el Partido Republicano. Los participantes en las Tea Parties suelen insistir en que no apoyan a ningún partido, que están en contra del sistema bipartidista; hablan de sí mismos como un levantamiento popular contra los partidos y políticos que se han vuelto corruptos, sobornables y elitistas. Pero no aparecieron cuando Bush era presidente y entre sus líderes se encontraba el típico reparto conservador.

Se habla de lucha de clases invertidas, según algunos analistas políticos, los participantes de las Tea parties son miembros de la clase obrera que han sufrido en sus carnes la recesión, las familias destrozadas por el paro, las viviendas embargadas y los fondos de pensiones mermados. Quieren saber ahora por qué les ha ocurrido esto y buscan algún culpable. Piensan que la derecha mentirosa va a poner parte de su dinero para resolver sus problemas no dándose cuenta de que cuanto más dinero, tiene más quiere. Esto es una lucha de clases invertida de lo normal y dirigida por la derecha.

Esta economía de libre comercio, libre mercado, de globalización se hunde en la recesión global, mientras la derecha se lava las manos, culpando a los pobres y hambrientos por no consumir, ganar mucho dinero y tener muchos beneficios sociales.

Conservadores y centristas alientan el odio contra los trabajadores del sector público por cuenta de sus pensiones; al mismo tiempo, la mayoría de los fondos de pensiones estatales y locales sufren un gran déficit, lo que implica que serán necesarios ingresos gubernamentales adicionales para mantener solventes. En este momento ya casi nadie en la Casa Blanca se atreve a hablar de brotes verdes.

Hay signos de estabilización sí, pero no muchos.

Barack Obama predijo un paro menor al que se presenta en este momento.

Se ha subestimado la dependencia de la industria hipotecaria.

La economía norteamericana ha sacado poca tajada de los planes de rescate, igual que la economía española. Los desahucios han subido mucho y afectan a muchos hogares.

Los consumidores no van a gastar mientras teman perder el empleo.

Las multinacionales ven los brotes verdes más fuera que dentro de EEUU, por eso se trasladan a China.

El déficit ha rebasado largamente el billón de dólares y se espera que se duplique.

El gobierno tiene presiones del gran capital para abandonar la reforma sanitaria ya emprendida.

La secuencia natural sería limpiar y ordenar el sector bancario, retirarle el apoyo fiscal, luego el monetario para después imponer un control fiscal de acode con sus beneficios obtenidos y las tasas de intereses tienen que llegar a ser fijos.

Olvidemos las afirmaciones de que pronto se producirá una recuperación significativa.

Solo Barack Obama tiene carisma y popularidad para insistir en un significativo gasto deficitario nuevo.

Hay empresas que deben casi 6 o más veces su valor patrimonial, ni el Estado, ni las empresas financieras se han percatado de esto. La pregunta es dónde están las entidades de control.

Se apremia a los países a reducir las emisiones en 2020, sin examinar ni proponer cómo se puede lograr. La de banquero es la única actividad profesional sin riesgo y placentera a la vista de las elevadas recompensas.

EEUU tiene una de las presiones fiscales más reducidas entre las economías más desarrolladas, es una gran forma de favorecer a las grandes empresas.

ISRAEL, DEPREDADOR DE SERES HUMANOS Y COLONIALISTA DEL SIGLO XX

Aplica las nuevas tecnologías para matar impunemente, sin ninguna sanción de parte de la Organización de las Naciones Unidas.

Usa armas de destrucción masiva para atacar a pueblos indefensos destruyendo todas las estructuras esenciales para sobrevivir.

Devora las tierras palestinas, exhibiendo su poder militar.

Construye en territorios ajenos miles de viviendas ilegales para sus colonos.

Construye un muro separatista en medio de territorios ajenos, una forma prepotente de asegurar el hurto de territorios. En Cisjordania, asentamientos, colonias, enclaves salvajes e ilegales, aquí tiene las colonias más grandes, viven miles de colonos israelíes. Parece que estamos en épocas muy remotas, siglos XIII, XIV y XV, donde todo se conseguía a la fuerza.

Asentamientos en Jerusalén, colonos israelíes en la zona ocupada de Jerusalén: miles de colonos israelíes viven de forma ilegal.

La Ley Internacional prohíbe al país ocupante llevar población a la zona ocupada, pero los israelíes no la cumplen, ya que tiene el respaldo de la ONU, especialmente de su Consejo de Seguridad, encabezado por EEUU, que es el principal apoyo que tiene Israel para aplicar su acción terrorista contra el pueblo palestino. Y su política económica financiera hambreadora y esclavizante por todo el mundo ya que son dueños de las mayores empresas occidentales, que por afinidad al gobierno norteamericano interviene en las decisiones políticas de esta nación. Tanta es la influencia de Israel en las naciones más poderosas de Occidente y el Consejo de Seguridad de la ONU que a Palestina no le permite ser una nación libre y soberana hasta que no renuncie a los territorios ocupados por Israel.

Israel debe quedar fuera de la ONU, mientras el pueblo palestino no sea reconocido como una nación soberana y libre por este organismo.

Esta es una de las miles de razones por la que el Consejo de Seguridad de la ONU debe desaparecer y dar paso al nombramiento de comisiones compuestas por los diez países colindantes o cercanos al país o países en conflicto para que hagan una investigación y elaboren un informe que sería sometido al pleno de la Asamblea General de la ONU para su aceptación o rechazo. Y si fuera conveniente, someterlo como última instancia a la Corte Internacional de La Haya.

RACISMO EN EEUU, ISRAEL Y OTROS PAISES

La renta de una familia negra media es diez veces menor que la de una familia media blanca.

La tasa de mortandad de bebés negros es tres veces mayor que la de los blancos y menor es la esperanza de vida de sus adultos.

La aberrante idea de la supremacía de un colectivo sobre otro, ha llegado a santificarse en los libros religiosos, que considera a los blancos elegidos por la gracia de Dios, porque no habido un profeta o un ángel negro.

La posibilidad de que un negro acabe en prisión es varias veces mayor que la de un blanco, aunque se trate de un mismo delito. Están atrapados en un sistema de desigualdades.

Antes, como ahora, sin un racismo popular cómplice resultaría imposible explotar, cometer limpiezas étnicas o conquistar otros pueblos para esclavizarlos y apoderarse de sus recursos naturales.

Negación de los derechos indígenas, racismo blanco.

Quitaron el derecho a sus tierras, a su lengua, sus leyes, de proteger a su familia y a una vida propia.

Sin protección ante los encomenderos y patrones.

Todo un sistema de injusticias contra pueblos indefensos que hasta la fecha se siguen cometiendo por castas indolentes que se creen superiores y dueños de las riquezas y voluntades de los seres humanos.

Las mismas fechorías y masacres contra la población indígena sucedieron en Norteamérica con las pieles rojas, en África y en todo el mundo por causa de las creencias y la prepotencia de un racismo blanco.

TRABAJO, ECONOMIA, EMPLEO Y SALARIOS

La patronal, la derecha o los neoliberales a nivel mundial dicen que la única forma de frenar el paro es bajando los salarios, como si los trabajadores tuvieran la culpa de la crisis.

Ven una relación directa entre costes laborales y creación de empleo y una pérdida de competitividad debido a los altos costes laborales.

El empleo cae más o menos que el Producto Bruto Interno (PBI) en la medida en que aumenten o se contengan los costes salariales, así lo afirman entidades financieras de derecha que defienden la necesidad de reducir los costes salariales para poder frenar el paro. Piden rebajar los salarios de los trabajadores, pero no mencionan a los altos funcionarios que en muchos casos ganan 300 veces más que un trabajador medio.

En opinión de la derecha, la rigidez de los salarios es uno de los principales problemas del mercado del trabajo.

La derecha afirmó recientemente que las economías siempre ajustan su competitividad y si no lo hacen vía costes laborales, lo hacen a costa del empleo y reformas de calado. Sostiene que el ajuste del empleo está siendo brutal porque los salarios nominales no se han moderado y, al contrario, han acelerado su crecimiento alejándose más de los salarios que había antes de la crisis.

Sin embargo, opinan que el mercado laboral tiene una fuerte rigidez y cuatro grandes problemas:

El elevado coste de los despidos de los trabajadores.

La falta de flexibilidad interna en las empresas.

Una estructura de contratos muy caros.

Un seguro de desempleo muy generoso.

Las empresas a nivel mundial, cuando las cosas les van mal, creen que todos tienen la culpa menos ellos y hacen pagar a los trabajadores sus errores o ambiciones, pero al final nunca pierden: los que pierden siempre son los trabajadores que dejan de percibir sus salarios o son despedidos.

Según los trabajadores, el crecimiento de sus salarios es un factor clave para la recuperación del consumo y la confianza para que las empresas sigan produciendo.

Dicen que los sueldos de la alta dirección y los funcionarios hacen subir los costes laborales muchas veces más que los trabajadores de producción o de servicios.

¿Por qué no se reparten las ganancias, las utilidades de las actividades productivas, más equitativamente a nivel mundial entre el gobierno central, la región y el capital?

Se debe priorizar la producción y el consumo a nivel nacional.

Se deben expandir las industrias en todo el territorio nacional para repartir el trabajo en todas las regiones del país evitando la concentración y el hacinamiento de los trabajadores en unas pocas ciudades.

Los trabajadores a nivel mundial argumentan que la crisis es financiera y está creada por la ambición desmedida de los bancos a los que los gobiernos han ayudado mucho y que ellos no tienen por qué pagar las consecuencias. Además, destacan que el crecimiento de los salarios es la clave para la recuperación del consumo y la producción.

Una economía flotante, basada en la construcción y el ocio, sin ningún control y con unos intereses leoninos siempre en alza, acostumbró a la mayoría de empresas a ganancias rápidas y sin esfuerzo.

CONGELACION

Si los gobiernos congelan los sueldos y salarios, automáticamente, deberían quedar congelados todos los servicios como agua, luz, transporte, alimentos, impuestos, etc., para que el pueblo pueda seguir consumiendo, las empresas, produciendo, los negocios, vendiendo y las personas, trabajando. De lo contrario, vienen todos los males de la economía de un país. Los recortes en un momento de crisis deben afectar solamente a la clase alta y a las grandes empresas, ya que estas van a seguir produciendo, los negocios, vendiendo y el trabajador no se iría al paro y seguiría consumiendo.

LA DEUDA - AGUJERO ECONOMICO

El agujero económico total de todos los países del mundo, devorados por la deuda pública y privada, es cuantioso y ya casi impagable.

Organismos que califican a los países sobre la deuda afirman que no es tanto la deuda pública como la privada.

Los gobiernos de todos los países del mundo están obligados a una corrección de los niveles de deuda que permita a las economías sanear las cuentas y emprender la senda del crecimiento.

Hacen falta muchos esfuerzos adicionales para reducir el déficit, tanto por la vía de la contención del gasto como por la de los ingresos.

La deuda bate récord por la desconfianza de los mercados y la ambición desmedida de los grandes consorcios financieros, y por la deslocalización de las grandes empresas que están llevando la riqueza económica hacia Oriente y originando el auge de países como China, India y Brasil.

La prima de riesgo de la deuda que las financieras imponen a los países y empresas que tienen problemas en los pagos es un absurdo. En lugar de dar mayores facilidades para que puedan pagar su deuda, con esta imposición arbitraria y unilateral de las entidades financieras lapidan y hunden a los deudores: si no tienen para pagar uno, como van a pagar dos o tres; es algo ilógico, perverso, usurero, criminal. Esta artimaña no debe existir, quiénes son estos organismos financieros para imponer estas normas al pueblo. El único autorizado por el pueblo para dictar normas o leyes que le favorezca, y no que le perjudique, es el Gobierno mediante el parlamento de los diputados. Los demás organismos particulares tienen que acatar la voluntad del pueblo obedeciendo al parlamento, que está para defender los intereses del pueblo y no los de los grandes capitales.

La deuda en el mundo es tan grande que ni el recorte social, ni todas las reformas laborables solucionan esta crisis. Lo único juicioso e imperativo en este momento es un control estricto sobre las artimañas del gran capital por parte del gobierno.

Las agencias de riesgo, que son las que califican cuándo un país o empresa está en situación de impago de la deuda, son decisivas para que los mercados se pongan alerta y castiguen y no den tregua a los países y empresas que se encuentran en esta situación de impagos, pero no supieron o no quisieron anticipar la gran debacle financiera que se avecinaba en muchos países.

Racismo

Los temores a una nueva crisis, cuando no ha terminado la primera, desatan el pánico en los mercados internacionales que sin piedad vuelven a castigar a los países deudores. La prima de riesgo de la deuda a largo plazo se acerca al límite máximo permitido que fija el pacto de estabilidad. Los seguros de protección frente al impago de la deuda (CDS) de los países deudores se dispararon hasta el límite permitido. Mientras, las monedas de los países deudores caían frente al dólar.

Qué están haciendo estos países en peligro de suspensión de pagos para convencer a los mercados: han tomado medidas que solo afectan al pueblo y al trabajador, como la reducción del gasto público social, las reformas laborales, el abaratamiento del despido, etc. pero según la derecha estas medidas no son suficientes. El gran capital necesita más; piden la esclavitud del trabajador. Pero estos señores capitalistas qué han aportado para la solución de la crisis siendo los verdaderos culpables: absolutamente nada.

Los recortes del gasto social han sido duramente cuestionados por países afectados, pero aplaudidos por los mercados internacionales, que ahora claman por más reformas. Los gobiernos de los países deudores se encuentran coaccionados, obligados y decididos a emprender nuevas reformas con el único objetivo de contentar a los mercados, que ven a los países deudores como una amenaza y a los que no están ayudando para atraer el capital.

Los países deudores han pasado en pocos años de tener superávit a un déficit tremendo: gracias a los mercados internacionales, sus intereses y artimañas financieras. Tienen a los mercados nacionales atados y sin poder solucionar sus problemas financieros y económicos.

Empresas y hogares no financieros a nivel nacional tienen contraída una deuda que suman billones, mientras las financieras también nacionales solamente la mitad, esto en todo el mundo.

En esta situación, el tesoro de estos países se enfrenta a una particular batalla contra la deuda, contra la incertidumbre para convencer a un mercado internacional cada vez más desconfiado, que ve a estos países al borde de la quiebra.

Según la derecha, los gobiernos en situación de impagos de su deuda tienen que seguir haciendo reformas devastadoras para su pueblo para cumplir con los vencimientos de pagos de la deuda, que mayormente son intereses.

Del pago mensual de la deuda, más del 50% son intereses, seguros que los bancos imponen de forma arbitraria a los que hacen un préstamo; menos del 50% es para reducir el capital prestado.

Hay muchos como los gobiernos, empresas, hasta las personas, que para cumplir con los vencimientos del pago de la deuda tienen que hacer otro préstamo, endeudándose cada día más y más, hasta que se hace imposible pagarla.

Pero si no pagan a su debido tiempo quedan aislados de los mercados financieros internacionales. Los inversores internacionales están expectantes y dispuestos a deshacer sus inversiones en deuda pública y privada si los gobiernos o empresas no cumplen con los pagos y vuelven a defraudar.

Los gobiernos tienen que seguir con sus reformas antisociales por más impopulares que sean para evitar el elevado riego de que haya una nueva oleada de venta de deuda pública y privada que los empuje al precipicio.

Según los inversores, el incremento de la incertidumbre es paralelo al riesgo que asumen ellos, por lo que exigen una mayor rentabilidad de la deuda soberana. Pero ellos no se pueden adelantar a los acontecimientos y castigar a los deudores como lo vienen haciendo, más difícil el pago de los vencimientos de la deuda.

Lo lógico es que toda empresa para obtener beneficios, ganancias, dividendos, invierta. Pero toda inversión tiene unos riesgos que los debe asumir el inversor porque de él son las decisiones y condiciones para el préstamo. Lo que no es lógico es que sus errores o malos cálculos lo tenga que pagar el que hace un préstamo, que lo único que tiene que hacer es pagar sus cuotas mensuales, según estipula el contrato. Un contrato de un préstamo se puede modificar, anular o vender si ambas partes están de acuerdo, pero lo que no se puede hacer es actuar unilateralmente, no vale añadir pagos posteriores al contrato, como seguros, prima de riego, etc.

Cuando las agencias de riesgo ven problemas de pagos en un país rebajan el rating del país y los inversores optan por desprenderse de los bonos a corto plazo vendiéndolos, y el que compra sube los intereses, perjudicando a los dueños de los bonos aumentando la deuda, aumentando las dificultades para la refinanciación, y el pago de la deuda para el país dueño de los bonos.

En el pago de la deuda todo esfuerzo es vano e inútil y los nuevos préstamos son solamente para pagar los vencimientos de las deudas anteriores. Al poco tiempo los nuevos vencimientos son de mayor cuantía porque la deuda es mayor y los intereses más altos y encima le aplican la prima de riesgo: esto es el apocalipsis de una nación.

En estos momentos la deuda de los países es impagable porque va creciendo exponencialmente y los países cada vez cuentan con menos recursos económicos, están más endeudados y sus pueblos cada vez más hambrientos, debido a la privatización de sus bienes, recursos y servicios básicos, dejando sin entradas al Estado y engordando las arcas de las grandes empresas particulares que en este momento son las que manejan todo el potencial económico y financiero de todos los países. Y lo más increíble es que los gobiernos, para hacer frente a los gastos del Estado y de la Administración publica, recurren a la venta de bonos del Estado y los préstamos que les otorga el gran capital a intereses altísimos que, valiéndose de artimañas, se hacen imparables e impagables.

De esta forma, las grandes empresas transnacionales dominan a los gobiernos y los someten hasta tal punto que ellos dicen y hacen lo que les conviene siempre en su beneficio, sin importarle el pueblo, siempre en complicidad con gobiernos corruptos o presionados por el gran capital.

¿Por qué los países endeudados que no pueden pagar sus deudas no hacen como las grandes empresas y se dan a la quiebra? Los gobiernos que asumen el poder se hacen con la responsabilidad del pago de una deuda que ellos no han originado.

Pero todo gobierno es transitorio y tiene un límite; entonces los responsables son los grandes consorcios financieros que no toman las precauciones y analizan bien si ese gobierno en el periodo de su mandato puede pagar su préstamo ya que ellos gobiernan a espaldas del pueblo, no cumpliendo con las obligaciones para las que fueron elegidos de velar por los intereses del pueblo, dando leyes que solo benefician a las grandes empresas y que endeudan al país, vendiendo los bienes y riquezas del Estado, por no decir regalarlas, sin autorización del pueblo, único dueño de las riquezas de un país. Los gobiernos son simples administradores no dueños, entonces no pueden vender, ni regalar, ni hipotecar los bienes de una nación, ni con leyes dadas por ellos mismos, porque tienen que tener autorización del pueblo mediante un referéndum ya que un nuevo gobierno puede dar otra ley contraria, derogando la anterior, devolviendo los bienes al pueblo y así no se puede gobernar una nación.

Los consorcios financieros son los verdaderos responsables de la situación actual de la deuda a nivel mundial, ya que ellos han tomado la decisión y asumido el riesgo que siempre hay en todo préstamo y un gobierno no tiene por qué poner como garantía los bienes de una nación o del pueblo. No hay pena ni cárcel por deuda que no se pueda pagar.

En estos momentos de crisis a los países que tienen una deuda impagable y cuyos pueblos se mueren de hambre se le debe tener cierta consideración porque ellos no son los culpables de esta situación. Se debe revisar el total de la deuda actual. Ir diez o veinte años atrás, y a partir de entonces, sumar todos los préstamos hasta la actualidad. Se aplica a este total un interés razonable fijo al capital prestado, menos los pagos realizados durante este tiempo y el total sería la deuda actual. A partir de ese momento, estos países no recibirían ningún préstamo hasta pagar el total de su deuda.

ORÍGENES DE LOS MALES

Al endeudamiento de los Estados se le mira como el culpable de todos los males que aquejan a la economía mundial, pero no hay que olvidar que la crisis, primero financiera y después económica, tuvo su origen en un desmesurado descontrol y en la ambición de la banca para dar los préstamos cuando había trabajo a empresas y familias al calor de una relajada política monetaria que permitió la escalada del sector inmobiliario que dio paso a una burbuja que terminó explotando y acentuando una crisis que ya estaba latente.

A fuerza de los acontecimientos, el sector privado ha iniciado el necesario proceso de adelgazamiento de su deuda, pero como siempre a costa del trabajador, ya que los directores y funcionarios, al contrario, reciben más beneficios.

Los bancos estatales de los diferentes países instaron o recomendaron a las empresas recortar sus deudas. Está bien que se diga ahora que la deuda empresarial debe reducirse, pero porque no se advirtió del brutal incremento del endeudamiento a su debido tiempo. Pero estos bancos tampoco sugirieron cómo reducir ese endeudamiento, tampoco lo hicieron las agencias de riesgo que ahora ven peligro en el pago de la deuda.

Las únicas vías posibles son las entradas por la venta de activos, y la generación de beneficios.

La venta de activos es una vía práctica a corto plazo, pero vender su patrimonio para pagar la deuda es quedarse sin capital de trabajo que es lo que no se puede permitir una empresa.

La generación de beneficios es lo más aconsejable y factible a mediano y largo plazo, pero difícil de conseguir dada la situación de la economía y la casi nula facilidad para el crédito.

Una solución sería que los grandes consorcios financieros y los bancos moderen su ambición recaudadora bajando los intereses al mínimo y quitando las artimañas del Euríbor, prima de riesgo y otros. Dando mayores facilidades a las empresa y a las familias para que puedan encausar sus actividades productivas y económicas. Si no lo hacen, para eso está el gobierno de la nación, para que legisle a favor del pueblo, pues para eso ha sido elegido.

El gran peso de este vertiginoso crecimiento de la deuda empresarial recae en las empresas inmobiliarias que con su actitud irresponsable de trabajar sin capital de trabajo, solo a créditos, han arrastrado a casi la totalidad del resto de las empresas de un país dejando sin trabajo a millones de trabajadores.

Pero no se dice nada de los consorcios financieros y de los bancos que tienen la mayor parte de culpa por dar créditos a diestra y siniestra sin ningún control ni prevenir si ese dinero podría ser devuelto.

Existen empresas de algunos países que tardan hasta más de cien días en pagar sus facturas, principalmente las estatales. A ello hay que añadir las pérdidas por impago, lo que se traduce en unas pérdidas millonarias que perjudican mayormente a pequeñas y medianas empresas que se quedan sin capital de trabajo por más de tres meses. Al mismo tiempo, los bancos les niegan los préstamos.

Toda empresa y principalmente las entidades estatales deben pagar sus facturas en el mismo momento de la entrega de la mercancía o producto, sobre todo a las pequeñas y medianas empresas para evitar la descapitalización o pérdida del capital de trabajo de estas.

Los países en crisis deberían estar abocados a un control estricto de las empresas financieras y la banca en general para evitar cobros abusivos contra las pequeñas y medianas empresas que no les permite sanear sus cuentas para iniciar una senda de crecimiento sostenido. Las facturas ya las están pagando en términos de credibilidad, reflejada en la prima de riesgo y las dificultades de acceso a los mercados internacionales y entidades financieras.

En este momento el principal problema de la deuda pública y privada de estos países en peligro de suspensión de pagos son los vencimientos que se avecinan. También afrontan vencimientos de deuda significativa las entidades financieras y bancas nacionales contra entidades internacionales, de aquí surgen algunas tensiones que estamos viviendo en el sector bancario por las dificultades que tienen para la refinanciación de su deuda o simplemente para hacer frente a sus pagos. Se cree que harán falta muchos esfuerzos adicionales para reducir el déficit, tanto por la vía de contención de gastos como por la de los ingresos.

Toda empresa, desde su nacimiento y durante toda su existencia, debe tener un capital de trabajo. Los préstamos o créditos deben ser para casos excepcionales o de urgencias, pero con la seguridad absoluta de poder devolverlos. Lo que no es correcto es que existan empresas que tienen endeudado varias veces el valor total de sus activos y ni el gobierno ni ninguna entidad de control se dan cuenta o controlan.

Orígenes de los Males

MEJORAR EL PROCESO DE GESTIÓN

Es necesario mejorar la política y los procesos de gestión del crédito, realizar una mejor segmentación y contar con más información de los clientes, aplicar un mayor control y rigor en la gestión de riesgo, contar con una mejor regulación y legislación contra la morosidad y más rigor en la supervisión de las cuentas a cobrar y facturas impagadas desde su vencimiento.

Las recetas para el caso de las entidades financieras serán similares a las de cualquier otra empresa: si reducen sus decisiones de inversión, en este caso menor concesión de crédito y/o compra de activos, también minoran las necesidades de financiación ajena.

Otra alternativa es reforzar la financiación a través de recursos propios. Las empresas financieras están comprando deudas del tesoro.

La derecha señala que las entidades de crédito tienen una vía inmediata para reducir su deuda: vender parte de sus activos, sobre todo los inmobiliarios. No le va a quedar más remedio, advierten, pero tendrán que bajar los precios de los inmuebles y reconocer pérdidas. Hasta que la burbuja no se acabe de deshinchar y las entidades de crédito no reconozcan esas pérdidas, incluso si eso exige recapitalizar las entidades, la crisis no tocará fondo.

Se precisa una política económica interna en la que se respeten las reglas del Estado de Derecho de los trabajadores y las Leyes del Estado y la Constitución y se dirija la economía nacional en beneficio de los trabajadores, del Estado, de las empresas y del pueblo en general. Del mismo modo, la no privatización en educación, salud, servicios sociales básicos, y el agua como elemento primordial en la supervivencia del ser humano.

Sí a las inversiones, pero deben beneficiar a partes iguales al Estado, a los trabajadores y al capital, tanto nacional como extranjero.

Se debe promover una economía de mercado interno y de libre empresa, sí, pero dentro de los límites de las Leyes del Estado y la Constitución, y el respeto al pueblo.

ECONOMÍA DE EXPLOTACIÓN

Las utilidades y beneficios de la producción y comercialización mundial en su gran mayoría van a engordar las arcas de los más poderosos económicamente, que son unos pocos.

¿Por qué no se distribuyen mejor las utilidades y beneficios de la producción y comercialización mundial y siempre teniendo en cuenta al pueblo?

Todas las liberaciones, sean en la economía, comercio, finanzas, capitales, espacios terrestres, aéreos y marítimos, solo benefician al gran capital, a las grandes empresas, que acumulan grandes riquezas que les dan pie para seguir explotando, esclavizando y matando de hambre al pueblo, el gran sufrido de toda la vida. Pero los culpables según la derecha explotadora son todos los trabajadores y el pueblo, ya que ganan mucho y no consumen.

Hay gobiernos dictatoriales no democráticos que sin autorización del pueblo despilfarran y entregan al gran capital las riquezas del pueblo.

La mayoría de los gobiernos que se dicen democráticos entran al poder prometiendo defender los derechos y riquezas del pueblo, pero al instante cambian. El gran capital los corrompe y los pone a su servicio para que legislen a su favor, entregándole poco a poco las riquezas del país, sin la autorización del pueblo, único dueño, que lo nombró como administrador y no para que entregara las riquezas a las grandes empresas internacionales.

Las grandes empresas internacionales y nacionales no tendrían nada que reclamar cuando todos sus contratos de explotación de bienes sean revisados y analizados para constatar si son legales y si han cumplido con todas las normas exigidas por la Constitución, las leyes y los derechos del pueblo, con participación de los gobiernos central y regional defendiendo sus beneficios. Y, sobre todo, si han sido autorizados por el pueblo mediante un referéndum a nivel nacional.

Las leyes dictadas por el hombre no tienen por qué cambiar la propiedad de los bienes del pueblo, ya que es el único que puede disponer de sus bienes que son vitales para su futura existencia.

ECONOMÍA INDUSTRIALIZADA

Cuanto más progreso económico e industrial alcanza una sociedad, más corrupta, infeliz y consumista se vuelve parte de la sociedad, pero la otra parte, la gran mayoría, es pobre, debido al reparto desigual de la riqueza, de las utilidades, de los beneficios de la producción y de la comercialización. El sistema neoliberal hace delinquir a los pobres para poder sobrevivir, salir de la pobreza y entrar en el mundo del consumismo.

Psicológicamente, este sistema ha creado una sociedad enferma en su gran mayoría. Está adoptando creencias y valores negativos, promovidos por un estilo de vida llena de lujos y placeres de esa pequeña cámara de acaudalados que imponen en el mundo el fenómeno que ellos llaman globalización, libre mercado, libre circulación de capitales, guiados por el obsesivo e insostenible afán de crecimiento económico, que está dificultando a las personas en el desarrollo del altruismo y el alcance de su plenitud.

Codicia es el afán de desear más de lo que se tiene, la obsesión por querer más de lo que se ha logrado. Y al igual que la ambición y el poder, nunca se detiene. Es un círculo vicioso que lleva a perder de vista lo que de verdad se necesita.

La codicia no es la causa ni el problema, es tan solo un síntoma del funcionamiento corrupto y perverso del sistema monetario sobre el que se asienta la sociedad occidental.

ECONOMÍA Y BANCOS

Con esta crisis financiera se ha desvelado lo que escondían los bancos: que hay fallos en el sistema legal, administrativo, contable, de fiscalización y, sobre todo, de control que complican la reestructuración rápida.

Las autoridades competentes deben contar con instrumentos adecuados para intervenir rápidamente, pero no los tiene, porque no hay ninguna entidad que se lo exija, ni banco que lo permita. ¿Qué han hecho y qué están haciendo los gobiernos de la nación para poner orden en las entidades bancarias y financieras cuando hay sospechas o denuncias de irregularidades en estas entidades sistémicas? Se tiene que actuar de inmediato, sin perjudicar las actividades de la institución, para prevenir que se provoque una ola de impactos sobre el sistema financiero, se necesita un programa importante a nivel mundial para que los Estados tengan los instrumentos necesarios. En el caso de quiebra de un banco importante para el sistema el principal objetivo de las autoridades debería ser preservar la estabilidad financiera. En ese caso, el marco legal debería ser lo suficientemente fuerte y tajante para que los accionistas no lo cuestionen, pero a la vez lo bastante flexible para buscar una solución razonable al problema. Pero el gobierno central y regional y los organismos de control deberían estar alerta para que las cosas funcionen como es debido.

Y, en el último caso, se debería intervenir la institución.

ECONOMÍA - PRECIOS

En épocas de crisis como esta, los precios de productos y servicios, a nivel de cada nación, al menos los básicos que sirven para cubrir las necesidades primarias -casa, alimento, vestido y salud- tienen que tener una relación coherente con los sueldos y salarios porque el pueblo es el principal consumidor de estos productos y servicios. En la economía actual, si no hay quien consuma, las empresas no venden y si no venden, no tienen para quién producir y si no producen, no hay empleo, y si no hay empleo, el pueblo no tiene dinero para consumir. Esto es un círculo de vida que no se puede obviar, si no viene la muerte.

En la actualidad y desde hace mucho tiempo, las grandes empresas solo se preocupan de producir sin control ni planificación, aplicando la ley de la oferta, solo por la ambición de ganar dinero, sin pensar en las necesidades más urgentes del pueblo, amparándose en convenios a nivel mundial con gobiernos corruptos como el libre comercio, la libre circulación de capitales, la globalización, etc. Produciendo en lugares donde se puede explotar al trabajador y esparciendo su mercadería por el mundo entero. No aplicando la ley de la demanda, o sea lo que en verdad necesita el pueblo para sobrevivir. En estos momentos de crisis no hay una coherencia entre sueldos y salarios con los precios de los productos de primera necesidad.

ECONOMÍA – FUNCIONARIOS DE LAS GRANDES EMPRESAS

Los funcionarios de la alta dirección, administración y de los consejos ejecutivos de las grandes empresas en todo el mundo ingresan en sus cuentas millones al año por conceptos de retribuciones fijas y variables:
Retribuciones fijas
Bonos
Dietas
Planes de pensiones
Seguros de vida
Atenciones estatutarias
Opciones sobre sus acciones

Créditos

Fondo de pensiones

Indemnizaciones fabulosas anuales

Garantías a favor de sus consejeros

Incremento anual de sueldo

Gratificaciones adicionales

Con estas retribuciones fijas y variables, que las grandes compañías han entregado a los consejeros de alta dirección y administración, que no se quiera decir que se las han ganado, ya que se ve el resultado de su gestión en esta crisis tan tremenda que da que pensar que hayan intervenido los profesionales más selectos del planeta.

Por eso, en todos los países del mundo es urgente y de justicia social aplicar el escalafón de sueldos y salarios a nivel nacional en cada país, para prevenir y evitar las injusticias entre los trabajadores.

ECONOMIA SUMERGIDA

Es necesario y urgente tomar medidas para hacer frente al incremento de una economía sin control ni ubicación; toda empresa por grande o pequeña que sea debe estar ubicada y controlada por las instituciones de control del gobierno y el derecho y obligación de pagar sus impuestos y contribuciones como toda empresa legalmente constituida.

El control de la economía sumergida es responsabilidad de la hacienda pública, mediante las agencias tributarias, en sus secciones regionales, provinciales, distritales y, para mayor eficacia, de las sectoriales controladas por los distritos.

ECONOMÍA DE PRIVILEGIOS

Nada de libre comercio, libre circulación de capitales, libre mercado, ni la liberación completa de los flujos financieros comerciales e inversiones, ni globalizaciones internacionales, pero sí nacionales. Tampoco la venta del territorio nacional al capital extranjero.

Ningún acuerdo o convenio es válido si el pueblo no ha sido consultado, ni ha intervenido directamente ya que es el único dueño del territorio nacional y de su destino.

Jurídicamente violan los derechos de soberanía ciudadana porque ni el gobierno de un país, ni su congreso de diputados, ni nadie en particular tiene derecho de vender, regalar, ni ceder parte del territorio nacional salvo que se apruebe por medio de un referéndum donde intervenga todo el pueblo bien informado.

Las empresas extranjeras no pueden ser dueñas de parte del territorio de una nación (exagerando, pero podría suceder, que el capital privado extranjero podría comprar todo el territorio de una nación quedando como amo absoluto de todo lo que está dentro, incluso de su población, que los consideraría como esclavos y ya no tendrían dónde ir). Eso sucede actualmente con ciertas islas. Y podría suceder, ya que hay personas que tienen más dinero que una nación.

En ese país no habría trabajadores sino esclavos.

Las materias primas y todos los bienes de ese país serían suyos sin pagar nada por ellos.

No rendirían cuentas a nadie porque ese territorio dejaría de ser una nación para convertirse en algo personal del dueño, sin tener que pagar ninguna clase de imposiciones, ni impuestos, ni gabelas, etc.

Las grandes empresas en el mundo, tanto nacionales como extranjeras, deben ser empresas con capitales tripartitos: gobierno central, gobierno regional y capitales nacionales y extranjeros y las ganancias o utilidades se repartirían en tres partes iguales. Los dueños o codueños serían el gobierno, los trabajadores y el capital nacional o extranjero.

En principio, habría que anular todos los acuerdos o convenios que se han hecho a espaldas y sin autorización del pueblo por gobiernos no democráticos y gobiernos que se dicen democráticos, pero que han infringido las leyes y los derechos del pueblo muchas veces y no han respetado los propios convenios.

Estas empresas no tendrían derecho a reclamo porque durante años han defraudado los intereses de la nación, y si tendrían que pagar lo harían con sus bienes y convirtiéndose en empresas con capitales tripartitos.

Para los países pobres la ONU debería diseñar con urgencia un plan integral productivo empresarial y sobre condiciones básicas de subsistencia como alimentación, casa, vestido, salud, medioambiente, y agua potable, que nunca debe ser privatizada.

EN LO FINANCIERO

El Estado debe ser el socio capitalista y financiero de todas las grandes empresas estatales y particulares.

Se supone que los gobiernos de las naciones deben manejar la mayor cantidad de dinero, más que cualquier empresa, para financiar cualquier negocio o empresa del país.

Pero en este momento no es así, los Estados son los mayores deudores de los grandes consorcios financieros, por lo que están sometidos al gran capital.

Debido al sistema económico actual, el neoliberalismo, el poder de las grandes empresas en el mundo, quita el protagonismo a los gobiernos de las naciones.

El Estado es el indicado para crear y fomentar empresa aportando el dinero preciso.

Lo financiero es inherente a asuntos de la hacienda pública, bancarios, bursátiles o de grandes negocios mercantiles que debe controlar el Estado.

Los asuntos económicos, las rentas públicas y su administración son cuestiones que debe manejar el Estado, y no entidades particulares.

El Estado debe recaudar lo necesario para tener liquidez y solventar todos los gastos de la nación mediante los impuestos y en la intervención y la participación en parte de las utilidades de las grandes empresas.

La falta de confianza en la gestión del dinero por parte del Estado debe terminar ya que la derecha insinúa que el gobierno de la nación es un mal administrador de los bienes del Estado y que debe delegar esta gestión al sector privado. Con la derecha en el poder, la privatización de las empresas públicas es su objetivo principal.

Privatizar en la economía de un país quiere decir: despido de trabajadores, evasión de impuestos al Estado, rebaja de salarios al trabajador, subida del precio de productos o servicios, aumentar la diferencia económica ya existente entre pobres y ricos, etc.

Con el sistema financiero actual se está en peligro de una recesión brutal a nivel mundial, debido a que ni los gobiernos ni los pueblos tienen dinero y cuentan con unas deudas casi impagables. El dinero está en manos de las grandes empresas y consorcios financieros, que no dejan de estrangular y exprimir al pueblo hasta matarlo de hambre. Es fundamental que el gobierno intervenga y asuma su rol en defensa de las grandes mayorías. Se debería ir a una revisión, reformulación, regulación, supervisión y control del sistema financiero para que dejen de dirigir la política económica y financiera de los países que es tarea de los gobiernos nacionales.

La situación actual del sistema financiero es delicada y puede llegar a colapsar (arruinarse).

Las exigencias de supervisión y control deben venir de parte del Gobierno de la nación y no de entidades particulares para restituir la credibilidad de las entidades financieras particulares, como bancos y cajas. Los gobiernos están cumpliendo con ellos dándoles miles de millones de los contribuyentes, pero a la fecha no se ve una mejora en los préstamos.

En este momento es difícil acceder al crédito y eso está afectando tanto a las personas como a las instituciones y empresas, y frena el consumo.

En la actualidad, las entidades bancarias están siendo ayudadas por el Estado con el dinero de los contribuyentes, y al Gobierno le será muy difícil justificar recortes en las prestaciones sociales y en el gasto social en general.

Los impuestos deben subir, sí, pero para los que más tienen y bajar para los más pobres. Pero en este momento los que más tienen son los que menos pagan y lo principal es que todos deben pagar, desde el más rico hasta el más pobre. Debe haber un control exhaustivo para todos. La subida de los impuestos dependerá de la capacidad de endeudamiento de cada país y del margen de maniobra que tenga para reducir el déficit fiscal.

En épocas de crisis el equilibrio de las arcas del Estado se deteriora mucho más rápidamente de lo previsto y las posibilidades de financiar el déficit en el exterior son difíciles y a la vez contraproducentes porque llevarían a un endeudamiento mayor, pero endeudarse puede servir para compensar la escasez de ingresos a causa de la crisis.

Si la falta de liquidez alcanza al Estado, una subida de impuestos a los más ricos sería necesaria.

Se acabaron en este momento, y por muchos años, las facilidades para obtener dinero fácil y barato gracias al crédito, debido al consumo desbocado y sin ningún control de los últimos años. También la sobrevaloración de activos, pues en este momento no hay quien compre por falta de dinero y créditos. Anteriormente el fácil acceso al crédito hacía que para fijar el precio de una casa, por ejemplo, no se sumase lo que costaba construirla más un beneficio razonable para el constructor y el promotor, si no hasta cuánto se podría hipotecar al banco. Ahora los ciudadanos deben ser mucho más conservadores.

El sistema bancario debe afrontar una regulación y un control más exhaustivo de parte del Gobierno, que debe exigir a estas entidades que en lo posible trabajen con capital de trabajo propio para evitar la subida de los intereses en los préstamos al pueblo y que tienen que comenzar a devolver el dinero que se les ha dado, que es de los contribuyentes para el bienestar de la nación.

Conviene una actuación legislativa que avance en el control y supervisión de las entidades financieras.

Innovación social: hay que cambiar las prácticas de los negocios, se debe depender menos de los créditos. La responsabilidad social es hacer las cosas de manera diferente a como se están haciendo ahora, hay que innovar.

Es fundamental que el Gobierno intervenga directamente en el capital y en el control de las entidades corporativas, ofrecerá más garantías y transparencia en la gestión contable del sector financiero.

Tenemos que volver un poco atrás y poner sentido común a las cosas, donde no existían amaños y artificios como el Euríbor, la prima de riesgo, los CDS, etc. que inmovilizan la economía del pueblo y el consumo y, por ende, la producción nacional. Tenemos que ir hacia sociedades que ahorren un poco más, que trabajen más y recuperar valores como la solidaridad, la honradez, etc.

La crisis financiera se debe al desmantelamiento de los Estados por parte de las grandes empresas y al abandono del Estado de su rol protector, regulador, distribuidor y fiscalizador.

Lo principal en este momento en la cobertura económica a nivel nacional, la protección social y el reparto equitativo de las utilidades de la producción nacional.

La separación de la banca comercial y de la banca de inversión. La banca comercial y de depósitos quedaron bajo control de una entidad y garantizadas por un fondo. A la banca de negocios o de inversión en cambio no se le sometió a ningún control. Esta separación histórica concluyó con la debacle de la banca de inversión actual o la crisis financiera a nivel mundial.

Debido a la regulación y el autocontrol hechos por estas mismas entidades de inversión, se produjo la creación de productos cada vez más complejos y opacos que complicó y perjudicó su funcionamiento.

Es inadmisible creer que los consejeros y altos directivos no conocieran sus propios productos y que los reguladores los aprobaran sin tampoco entenderlos.

El sistema financiero no podrá permanecer ajeno a cómo operan sus entidades y el tipo de productos que colocan en los mercados, ya que son los verdaderos culpables de esta crisis.

No tendrán más remedio que desarrollar un sistema de inspección interno más cuidadoso y aceptar la supervisión y control del Gobierno por medio del banco de la nación y el Consejo Nacional Supremo de Sabios.

Es precisa la creación de una entidad a nivel mundial de control y supervisión de las entidades financieras y bancarias internacionales, con sedes en cada país y cuya sede principal estaría bajo el seno de la ONU. Esta entidad se encargaría solamente de la banca de negocios o inversión porque la banca comercial y de depósitos, su responsabilidad y cobertura, permanecería a nivel nacional.

Los bancos centrales de cada país deberían tener toda la información de las entidades financieras de su país y lo que les corresponde de sus empresas internacionales. Y de la salud del sistema financiero mundial.

La nueva arquitectura de regulación y control financiero a nivel nacional requiere la creación de supervisiones externas para controlar el sector bancario, los seguros y los mercados de acciones en general y un proyecto de fondos bancarios en particular, que estarían en una cuenta del banco de la nación para recuperar los rescates de una crisis y que no sean los contribuyentes quienes tengan que pagar los rescates de los bancos.

Países en peligro de suspensión de pagos toman medidas que solo afectan al pueblo y, en especial, al trabajador. Según la derecha o el gran capital, las medidas tomadas hasta ahora no son suficientes. La ambición del gran capital necesita más y seguirá esclavizando y matando de hambre a sociedades enteras para conseguir sus objetivos.

Los capitalistas qué han aportado para la solución de la crisis, absolutamente nada a pesar de ser los verdaderos responsables.

Los mercados internacionales claman más reformas. Y los gobiernos deudores se encuentran cohesionados, obligados y decididos a emprender nuevas reformas para contentar a los mercados internacionales, que tienen a los mercados nacionales atados sin poder solucionar sus problemas por sí solos.

Según la derecha, los gobiernos en situación de impagos tienen que seguir haciendo reformas y privatizando los bienes de la nación.

LAS ENTRAÑAS PERVERSAS DEL MUNDO FINANCIERO - ESPECULADORES

Así, actúan los especuladores bursátiles, para arrasar los mercados: información de alta calidad, experiencia para detectar el momento adecuado y grandes cantidades de dinero, son las claves para que un ataque especulativo tenga éxito.

Pero ahora se exige más debido a la sofisticación de los mercados dominados por la tecnología, la libertad de los capitales y los complejos productos de inversión (derivados) que permiten que el movimiento especulativo sea más rápido, más potente y más ilocalizable; ahora tienen que tener más información y cuentan con muchos más medios de comunicación financieros ante sus ojos, escudriñan las pantallas del mundo bursátil, los problemas que tienen las grandes empresas o cualquier dato díscolo en la economía de un país para actuar.

Una vez detectada la debilidad, los gestores se vuelcan en conseguir la máxima información posible sobre los objetivos, se elaboran informes exhaustivos que presentan cada día en la reunión de previsiones que estas gestoras financieras -normalmente son fondos de alto riesgo y la gran banca de inversión- hacen a primeras horas de la mañana.

Los ejecutivos de la entidad diseminados por las plazas financieras de todo el planeta exponen en común las debilidades detectadas como problemas de deuda y la previsión de tiempo que los gobiernos tardarían en reaccionar. Junto con el análisis de la realidad local, se decide el objetivo, que puede ser una empresa, un país o una divisa, y se dan las órdenes de comprar o vender lo más rápido posible para maximizar los beneficios.

En el caso de las divisas el ataque es muy complicado por la cantidad impresionante de divisas que se moverían y eso no lo manipula nadie, solo se necesita coordinación, y alianzas estratégicas.

Los grandes ataques especulativos solo están al alcance de los fondos de inversión de alto riesgo, pero atacan a empresas y países que son objetivos muchos más vulnerables.

Una vez elegido el objetivo, se seleccionan los productos financieros más adecuados, que son casi infinitos y muy complicados.

¿Se imaginan lo que es conseguir beneficios vendiendo algo que no se tiene? Es una estafa contra las empresas y pequeños inversores y debería estar penado. Lo hacen con productos llamados derivados. Si no se tienen, se piden prestados a los grandes bancos de inversión que son los que los custodian con el compromiso de devolverlos un tiempo después.

El Estado debe entrar a jugar para espantar a los especuladores, pues no hay una ley que impida estas maniobras especulativas.

Los gobiernos deben proponer con urgencia la regulación y el control de los mercados financieros. El especulador piensa todo lo contrario.

Si no hay una regulación de los mercados financieros se seguirá permitiendo la exfoliación por descapitalización a los pequeños inversores y a las empresas nacionales.

Si no hay inversiones, otro sector le seguirá irremediablemente al inmobiliario, por sobreexplotación.

Las grandes casas creadoras de mercado y las manos fuertes de este negocio conocen perfectamente las lagunas y fisuras del sistema financiero, manejan a la perfección los sistemas de interconexión bursátil y todo tipo de productos financieros sintéticos que les permiten atacar a los mercados de renta variable, de divisas, de materias primas o de la deuda, con toda impunidad, no porque ellos comentan ningún tipo de fraude, sino porque la ley no se lo impide.

Un cambio posible es que el Estado entre a jugar como un comprador y vendedor más, así cuando una casa creadora o mano negra lo vea aparecer donde está especulando saldrá corriendo. Los Estados deben defender a las empresas, bienes, materias primas, moneda y deuda contra quien sea y como sea.

Las materias primas no deben entrar en el mercado bursátil, ya que el dueño de estas riquezas es el pueblo.

Las acciones y bonos del Estado tampoco deben entrar en bolsa porque la deuda la tiene que pagar el pueblo y no el que en su momento la emitió con cierto interés y se fue. Eso de pasarla de mano en mano como una mercancía cualquiera, sube los intereses tremendamente, hasta hacerse impagables y es el origen de la crisis y de la recesión de una nación.

Debe cambiarse la ley para evitar tanta especulación.

Faltan, por tanto, inspectores, auditores e interventores de parte del gobierno nacional.

De ponerse un freno a las inversiones parasitarias.

Los fondos de alto riesgo son un problema mayúsculo para la economía universal. Ya se sabía antes de que se desatase la burbuja financiera, pero ningún gobierno hizo nada por poner remedio, por no chocar contra una de las falacias del sistema neoliberal. Dejaron que se amplificaran las fisuras de los mercados bursátiles logrando que unos pocos se lucraran de la debilidad del resto.

Durante un análisis de la crisis quedó patente que había que poner coto a las prácticas abusivas de los fondos de alto riesgo y, en general, a todas las inversiones de carácter ventajoso para el gran capital.

Una de las medidas sería prohibir las ventas al descubierto, en las que se opera sin tener realmente dinero, ni acciones, ni bonos.

Especulación Financiera

Se puede atacar un país a través de los bonos de la deuda pública combinados con seguros como los CDS. El especulador puede tenerlos o no, o pedirlos prestados. El objetivo es acumular muchos para venderlos de golpe y hacer que caiga el precio del producto. Al mismo tiempo, se compran seguros que cubren el impago de esos bonos en caso de que caigan mucho.

Al aumentar la demanda de CDS su precio sube. En la mayoría de los casos los CDS no tienen ningún bono detrás que cubrir, es decir, el especulador no ha comprado ningún bono, sino el seguro de CDS. De este modo, el especulador vende el bono a dos y lo recompra a uno. Al aumentar la demanda de los CDS, su precio sube y todos quieren cubrir su riesgo y comprar más CDS.

Los especuladores piden prestado para pagar como uno y ahora valen como tres y los bonos que costaron dos, ahora valen como uno.

La nueva legislación sobre productos financieros no llega, mientras los fondos de alto riesgo hacen de las suyas con ataques especulativos, concentrados en torno a los países más débiles y su deuda: se ha puesto al descubierto el poder que tienen estos fondos que campean a sus anchas.

Después de escuchar las palabras de líderes de izquierda -que estamos ante un reto sin precedentes en relación con la especulación bursátil-, la derecha dice que no se puede poner coto a la especulación con productos financieros, que no se puede controlar la especulación por mucho que se intente. Por mucho que los grandes líderes de izquierda la critiquen es un esfuerzo banal, es ir contra una actividad intrínseca del ser humano, decidir cualquier prohibición de productos financieros llevaría mucho tiempo porque hay que estudiar sus consecuencias.

Se imaginan conseguir beneficios vendiendo algo que no se tiene, lo hacen y los gobiernos lo permiten, con productos llamados derivados, prestados a los grandes bancos de inversión.

La Comunidad Financiera Internacional ha asumido que no habrá tantos cambios como se prometían y hasta se da por hecho que habrá nuevas crisis similares en el futuro. Va a ver innovación financiera que no vamos a poder evitar. El objetivo es estar mejor preparados que años anteriores y tener un mejor colchón económico. Si alguien creía que iba a haber una regulación mundial nueva estará decepcionado porque no era creíble lo que se planteaba. Todo en este mundo tiene solución, basta con cambiar el sistema neoliberal, por otro más humanista.

Sí se puede poner coto a la especulación financiera porque no es el pueblo el que está especulando, sino un pequeño grupo de acaudalados que mediante estas acciones banales aumentan sus fortunas sin importarles el hambre del pueblo.

Los Gobiernos son los responsables y están obligados a poner orden y coto a esta situación, dando leyes que favorezcan la transparencia y el control financiero de cada nación.

La reforma de las instituciones financieras nacionales e internacionales es imprescindible porque su estructura no responde a la realidad ni a los desafíos del mundo económico y social de hoy.

Casi el 50% de los inspectores, interventores y auditores están en condición de excedencia, es decir, están temporalmente fuera del servicio para el que se les ha contratado. Mientras tanto la situación de estos colectivos es la falta de personal, pero parece que a los gobiernos no les interesan el control de las entidades públicas y privadas aunque es muy necesario para aumentar la recaudación en las arcas públicas.

Los inspectores, interventores y auditores tienen especificadas y asignadas sus labores por el Ministerio de Hacienda Pública quien se encarga de contratar el personal. Los inspectores tienen a su cargo la inspección y vigilancia de las empresas, examinan y reconocen un posible fraude e informan; los interventores son los que intervienen en una empresa con el afán de autorizar y fiscalizar ciertas operaciones; los auditores colegiados revisan las cuentas de una empresa para detectar si hubo fraude o no.

Hay muchos países fiscalmente atípicos donde los trabajadores y pensionistas tributan mucho más que los empresarios. Los Estados gastan miles de millones en la lucha contra la corrupción y el fraude, pero pierden el doble por deudas no canceladas, por insolvencia, prescripción o anulación por los tribunales.

La falta de medios humanos es una explicación al fenómeno, tal y como afirman los tribunales de cuentas en sus informes anuales. Pero detrás de esta escasez hay hechos sorprendentes según datos de Hacienda: cerca de la mitad de inspectores, interventores y auditores disfrutan de algún tipo de excedencia. Que haya equipos de investigación formados por un solo inspector puede parecer absurdo, pero es cierto.

Que después de miles de auditorías realizadas sobre los gastos de todos los organismos públicos, solo unos cuantos sean especiales (aquellos que detectan alguna irregularidad) es producto de la incapacidad para hacer un adecuado trabajo, ya que hay muchos inspectores, interventores y auditores que no están en activo. Así no se puede controlar el enorme volumen de trabajo de los organismos y empresas de la Administración del Estado.

Hay muchos inspectores que disfrutan de diferentes tipos de excedencias, como los políticos del partido del Gobierno o del que gobernó; también hay inspectores de Hacienda que ocupan cargos directivos en la Administración central.

Podría ser discutible si en esas situaciones a los inspectores se les puede considerar directamente involucrados en la lucha contra el fraude, pues son profesionales que no están realizando tareas específicas de inspección. El Gobierno lo sabe pero no pone coto, quizás porque políticamente no le conviene.

Los inspectores de Hacienda directamente involucrados en tareas de inspección son una cifra tan baja que difícilmente pueden cumplir con una tarea efectiva de la lucha contra el fraude y la corrupción en la recaudación de impuestos.

Hay otros colectivos, como los técnicos de Hacienda, que podrían solucionar en parte la falta de efectivos, si a estos técnicos se les reconociera la capacidad para realizar inspecciones porque los técnicos colaboran en muchas inspecciones, pero no están facultados para firmar las actas. Con esto no se precisa incrementar personal ni una cuantiosa asignación presupuestaria, basta con reorganizar las competencias de los empleados, permitiendo a los técnicos desarrollar un trabajo de mayor contenido y alcance, dándoles la categoría de inspectores cuando la desempeñen.

Los cargos directivos o de administración son profesiones muy diferentes de un nivel más alto y de mayor responsabilidad que la de los inspectores.

Los inspectores sí pueden formar equipo con los técnicos, sus labores son compatibles pudiendo compartir responsabilidades y firmar las actas de inspección. Si al inspeccionar encuentran irregularidades, emiten un acta y la firman para dar paso a los interventores y auditores.

Todos los inspectores estarían asignados por el Ministerio de Hacienda; los interventores y auditores dependen del Cuerpo de Intervención General de la Administración del Estado. Este cuerpo tiene la responsabilidad de fiscalizar las cuentas y el gasto que realizan todas las empresas particulares y todas las dependencias y organismos del Estado, como ministerios, organismos públicos, entidades de comunicación, Patrimonio Nacional, Consejo de Seguridad Nuclear, Consejo de Estado, Dirección General del Tesoro, dirección de costes de personal, pensiones públicas, cuerpos policiales y militares etc.

Forma parte de la obligación de este cuerpo asistir a las mesas de contratación, realizar miles de auditorías y controles financieros, el control de las subvenciones nacionales y comunitarias, participar en la elaboración de la contabilidad nacional, la emisión de informes al Gobierno y al Parlamento, etc.

Las consecuencias de este enorme volumen de trabajo es que una mayoría de informes se firma sin ninguna opinión porque el interventor no ha participado en el trabajo. Por eso en varios años y miles de controles hay poquísimos informes especiales que indiquen fraude. Es desde luego un trabajo excesivo para poquísimos interventores activos. Este trabajo se cumple relativamente por la actuación de técnicos de auditoria y contabilidad. Sin embargo, como sucede en el caso de los inspectores, estos técnicos no pueden firmar, ante lo cual se produce un efecto nulo. Los técnicos no tienen derecho a emitir opinión y los interventores no se arriesgan a comprometerse ante una auditoria que ellos no han realizado personalmente.

El Poder Fiscalizador sería el organismo de máximo control de empresas privadas o particulares.

El Consejo Supremo Nacional de Sabios es el órgano de control de todas las dependencias y organismos estatales.

El Tribunal de Cuentas es el que dirige la actividad de todos los inspectores y el que ordena todas las inspecciones a nivel nacional, tanto a entidades públicas como privadas.

El Cuerpo de Intervención General de la Administración del Estado, formado por interventores y auditores, es el que autoriza las intervenciones y auditorias en toda la nación cuando el Tribunal de Cuentas lo solicita valiéndose del acta firmada por el inspector.

La economía de un país debe comenzar desde abajo.

La recaudación de impuestos debe tener sus inicios en los distritos tributarios. Cada distrito, para mayor eficacia, se dividiría en sectores tributarios.

Los inspectores, interventores, y auditores serían nombrados por el Ministerio de Licitaciones del Poder Electoral, según currículum y hoja de servicios.

La falta de inspectores, interventores, y auditores se debe más que nada a la mala administración de este personal, ya que la mayoría son asignados a otros trabajos y no para lo que fueron contratados.

Los técnicos de Hacienda de auditoría y contabilidad desempeñan muchas veces las labores de inspección, intervención y auditoría, pero su labor queda nula al no poder firmar los informes o actas. Se debería reconocer su labor como tal cuando la realizan y sería parte de la solución al problema de falta de personal.

Los inspectores, interventores y auditores firman estas actas, pero sin ninguna opinión ya que estos no han participado.

DELITOS

En toda entidad pública o privada, cuando se comete un delito o haya presunción de haberse cometido o haya una denuncia en este sentido -tanto en lo político, económico, social, cultural, judicial, policial, militar, etc.- se tiene que iniciar una investigación. El Tribunal de Cuentas mediante los inspectores la iniciaría de inmediato.

Si es una entidad pública, se separa de inmediato a toda la dirección. Y si es privada, se nombra una comisión de inspectores para que investigue dentro de la empresa sin parar las actividades. Los inspectores levantarán un acta que será enviada al Cuerpo de Intervención General de la Administración del Estado, si hubiese delito. El caso queda en poder de interventores y auditores para que después intervenga la Justicia.

Si son inocentes, se les incorporará de inmediato a sus puestos de trabajo, con todos sus derechos y haberes dejados de percibir.

Si son culpables, se les separa definitivamente de sus puestos de trabajo y quedan a merced de las autoridades. Si el delito es dinero, se les exige que lo devuelvan, si no pueden, se les baja de categoría en el trabajo y se les obliga a trabajar en la misma empresa para que por medio de descuentos semanales o mensuales puedan pagar su deuda. Pero si no quieren o no pueden, tendrán que ir a prisión.

Pero nunca, como hasta ahora sucede, se dejaría en el cargo o sin ningún control de la dirección de la empresa para que pueda borrar las pruebas o influir en los testigos y hacer que las cosas se eternicen y al final prescriban y los culpables queden sin castigo.

FUGA DE CAPITALES

Los recursos fluyen de los pobres a los ricos.

Los países desarrollados, con el pretexto de ayuda que no lo es, hacen una inversión muy ventajosa en los países pobres.

En general, se piensa que los países ricos transfieren cantidades sustanciales de recursos monetarios a los países pobres, y pocos conocen la verdad de esta afirmación hecha por el gran capital.

Cada año se vuelcan miles de millones de divisas de los países pobres a los países ricos. Por cada unidad monetaria de ayuda que ingresan los países en desarrollo, salen diez como fuga de capitales.

Los países en desarrollo pierden miles de millones cada año por concepto de partidas ilegales que no son declaradas a las autoridades del país afectado y, sobre todo, porque no se pagan impuestos. Transfieren fondos adoptando la forma de pago de la deuda y transferencias al sector privado sin control. La vía principal para la fuga de capitales es el comercio en el cual la fijación del precio de las transacciones es por debajo de su valor real.

A esta utilización de transferencias fraudulentas y las trasferencias de precios por debajo del valor real entre la compañía y sus filiales en el extranjero hay que sumarle la ayuda en el lavado de dinero por los paraísos fiscales y el secreto bancario.

Más de la mitad de las riquezas de África y América Latina están localizadas ahora en el exterior, en gran medida en paraísos fiscales y centros financieros ubicados en Londres y New York.

Las multinacionales occidentales, las instituciones financieras, las firmas contables, los centros jurídicos y financieros han sido culpables de perpetrar, facilitar y solicitar activamente esta fuga de capitales.

Y las leyes, acuerdos y transacciones oscuras de gobiernos corruptos son los verdaderos responsables de este hurto criminal contra estos pueblos que tienen todo el derecho de pedir que se anule todo este vergel financiero vergonzoso e inhumano de las grandes empresas nacionales e internacionales.

AYUDA PARA EL DESARROLLO

La ayuda real, el dinero de la ayuda que está disponible realmente para financiar el desarrollo de los países más pobres, no se da íntegro para la causa, sino que se asigna menos del 40% debido a los costes administrativos, la ayuda técnica, la contabilización de la mitigación de la deuda, la vinculación de la deuda con las empresas al país donante y la deuda a países menos necesitados, pero con importancia estratégica para el control militar de la zona, por su ubicación geográfica. Son algunas de las razones por la que el 60% del volumen total de la ayuda no está disponible como dinero que pueda destinarse a satisfacer necesidades de desarrollo reales y urgentes de los países pobres.

Pero de ese 40% de ayuda, las grandes empresas utilizan parte para infraestructuras que facilitan la extracción y producción de bienes de las empresas transnacionales y para su seguridad, y para el país que debería ser el receptor no queda nada.

DEUDA

La deuda ha terminado siendo una vía para que salgan importantes cantidades de recursos de los países más pobres. Un ejemplo: África Subsahariana ha visto aumentar el volumen de su deuda. Cuando creían haberla pagado, después de cierto tiempo debían la misma cantidad prestada (si prestan 3, pagan 3, y todavía deben 3). Así nunca se va a llegar a pagar la deuda porque siempre va a haber artimañas para hurtar. Entonces se necesitan nuevos préstamos para pagar los vencimientos de la deuda y también aumenta el pago del servicio de la deuda. Y por si esto fuera poco, a los países más endeudados y que tienen problemas para pagar los vencimientos se les aplica la prima de riesgo, que es un interés más alto para darles nuevos préstamos. Es algo absurdo que no se puede tolerar por mucho tiempo.

La deuda, los bonos, las acciones que pertenecen a los Estados de una nación no deben estar en los mercados financieros mundiales. No se les puede aplicar la prima de riesgo: primero porque este artificio no debe existir ya que no hay ninguna ley estatal que lo ampare; segundo, porque estos valores se transfieren por un gobierno transitorio a una entidad determinada y mientras estas dos partes no se pongan de acuerdo, no podría intervenir otra entidad ajena, por no estar en el acuerdo inicial.

La PRIMA DE RIESGO es una cuestión intimidatoria para un país.

INVERSION EXTRANJERA DIRECTA (IED)

Desde hace varios años se ha considerado a la inversión extranjera directa como la mayor fuente de entrada de fondos a los países en desarrollo por un pequeño grupo de países emergentes como China, Brasil y otros, que representan el grueso de los recientes incrementos del IED.

Pero las entradas de IED están acompañadas de grandes salidas bajo la forma de repatriación de ganancias. Muchas veces en un periodo de tiempo determinado, las entradas de fondos a través de nuevas inversiones extranjeras directas, en países en desarrollo, fueron superadas por las salidas de fondos como remesas de ganancias sobre el IED existente.

Hay fuertes evidencias para creer que tanto los volúmenes de IED como las remesas de ganancias declaradas están por debajo de sus números reales y tal vez lleguen a ser el doble o triple de las cifras informadas, porque no hay ningún control sobre estas transacciones. La situación de por sí es grave y ha empeorado con la creciente tendencia a la evasión fiscal de parte de las empresas multinacionales que actúan en los países en desarrollo, muchas veces en colaboración con los gobiernos corruptos.

Algunas de las herramientas utilizadas para esto son:

Utilizar precios inadecuados para valorar las transacciones comerciales entre filiales de tal manera que se maximizan las ganancias en una jurisdicción donde los impuestos son bajos.

Utilizar transacciones financieras entre empresas o entre matriz y filiales, tales como préstamos de la casa matriz a las subsidiarias a tasas de interés exageradas para sacar las ganancias del país receptor.

Utilizar valores exagerados para bienes intangibles, tales como buena fe, patentes y regalías, como forma de que figuren menos ganancias que las reales.

Toda una serie de prácticas por el estilo como, por ejemplo, realizar una facturación falsa de la calidad o cantidad de importaciones y exportaciones.

Sobre todo, la IED no ha cumplido las promesas de generación sustancial de empleo, integración con la economía nacional y transferencia de tecnología. Los beneficios nunca se ven para los países en desarrollo. Las grandes empresas transnacionales nunca respetan los contratos firmados, pero sí exigen a la otra parte que los cumplan, pues si no los penalizan sin piedad.

LIBRE ASOCIACION DE LA UE

Los países capitalistas imponen sus condiciones en todo el mundo y los países necesitados las aceptan.

El acuerdo de Libre Asociación de la Unión Europea, América Central y El Caribe en la práctica supondrá el aumento de la presencia de multinacionales europeas en la zona.

Unas negociaciones que muestran cómo la política comercial europea busca avanzar en una estrategia para que las empresas competitivas, respaldadas por políticas internas adecuadas, ganen acceso a los mercados mundiales y operen en ellos con seguridad.

La Libre Asociación de la Unión Europea responde al estancamiento de las negociaciones comerciales de la Ronda Doha en la Organización Mundial de Comercio y a la voluntad europea de mostrar un posicionamiento fuerte en la región frente a EE UU, que está presente en la región a través del Tratado de Libre Comercio. Estos acuerdos generan gran oposición social, ya que abrieron la región a la inversión extranjera bajo un sistema de zonas francas donde se han asentado las mafias comerciales como un modelo importado de desarrollo económico, pero esto perjudica al desarrollo industrial de un país ya que no crea empleo. Pero la UE, en este momento, está abocada a la liberación completa de los flujos financieros, el comercio y las inversiones mediante la firma de un tratado que centra su interés en considerar reglas de inversión favorables a las empresas transnacionales europeas, liberalizando el acceso a los recursos, condicionando las compras públicas y rebajando estándares laborales y ambientales. La ciudadanía centroamericana denuncia en un documento esta negociación que viola el derecho a la soberanía alimentaria, pues permite que transnacionales monopolicen actividades de la producción agroalimentaria.

En esta línea ponen sobre la mesa el problema de la estrategia hegemónica de Europa a través de 3 mecanismos:

Tratado de Libre Comercio, que representa el aparato jurídico.

Los megaproyectos de inversión, como la construcción de infraestructuras y el componente represivo que conlleva la militarización de la región

Este acuerdo rompe los esquemas de Integración Regional Centroamericana.

LA CANALLADA DEL NUEVO PLAN AFRICA

Este plan que va a regir las relaciones entre España y África Subsahariana es algo que no se merecen los pueblos más empobrecidos del planeta. Aporta más facilidades para que las empresas transnacionales españolas los sigan saqueando y más cerrojos en las alambradas que separan la vida de la muerte.

España afirmaba que este plan situaba a las personas en el centro del bienestar y de la atención. Pero la realidad nos viene demostrando que los puestos centrales siguen ocupados por los tronos de los poderosos y que los empobrecidos son mandados cada vez más abajo para que sigan muriéndose de hambre. Un detallado examen de este plan nos lo confirma.

La palabrería burda y barata, con un lenguaje insultante a la pobreza, lo llama índice de desarrollo humano bajo, y a las zonas en guerra las denomina regiones especialmente complejas.

Este plan no busca nada parecido al bien de los africanos, sino al bien de las empresas transnacionales españolas. Ni siquiera pretende desarrollar los temas de cooperación que están en este plan sino que busca sin tapujos perpetuar y aumentar el nivel del robo y saqueo al continente africano. Tiene tres ejes principales:

Externalización de las fronteras.

Apertura y consolidación de nuevos mercados para sus empresas transnacionales.

Imposición de la ideología de género.

Consolidación de la asociación con África en materia migratoria. En cuanto a la organización de la migración legal, se limita a fomentar acuerdos para la contratación en origen.

La voracidad de las empresas transnacionales para seguir exprimiendo a los pueblos empobrecidos no tiene límite. Son estos pueblos los que tienen que poner el límite pacíficamente, no creyendo en sus falacias y no votando a sus representantes en las elecciones.

Se debería formar una institución a nivel nacional en todos los países que integren la ONU, controlada por los Consejos Supremos Nacionales de Sabios y los Ministerios de Control pertenecientes al Poder Fiscalizador de cada país para el control de todos los delitos que cometen a diario las empresas tanto particulares como estales, como:

Fuga de capitales mediante organizaciones.

Ayuda para el desarrollo a países pobres.

La deuda de países pobres.

Inversión Extranjera Directa (IED).

Libre Asociación de la UE.

Tratado de Libre Comercio.

Nuevo Plan África.

Estas instituciones se encargarían de revisar, controlar y autorizar si estos convenios o tratados son correctos y cumplen con el cometido que especifican en su creación.

Sometimiento a un Continente

LAS CAJAS DE AHORRO

Las cajas de ahorro son entidades públicas, sin ánimo de lucro, cuyos beneficios se destinan mayoritariamente a obras sociales. Es el acuerdo de origen.

Las cajas de ahorro deberían ser tan o más importantes que los bancos en el sistema financiero de cada país. Al principio, antes de que se promulgara la Ley de Órganos Rectores de las cajas de ahorro, la regulación de estas entidades no contemplaba la participación directa ni indirecta de los partidos políticos.

La ubicación debe ser las regiones, la organización debe darse por ley orgánica, la representación y dirección debe salir de un concurso público realizado por el Jurado Nacional de Elecciones y el control por la Junta Regional y los Consejos Superiores Regionales de Sabios.

Estas entidades no tienen un dueño ni deben tenerlo, en todo caso son del pueblo, ya que es de interés general. En este momento las grandes empresas financieras internacionales y la banca han puesto en marcha una operación hostil para hacerse con el control de esa jugosa y desprotegida gran parte del sistema financiero.

Las cajas de ahorro deben contar con los fondos de pensiones, Seguridad Social y otros fondos que pertenecen al erario nacional para poder dar crédito más barato a las personas, pequeñas y medianas empresas, para que puedan trabajar dentro y fuera de sus regiones a nivel nacional. Y no como los bancos y las grandes empresas financieras, que se llevan el capital fuera del país para beneficiarse ellos y las naciones adonde van.

CARACTERISTICAS DE LAS CAJAS DE AHORRO

Deben pertenecer a una región determinada. Son entidades sin ánimo de lucro, los intereses deben ser a plazo fijo, no deben pedir dinero al capital privado ni convertir el patrimonio social en acciones ni emitir bonos. Su administración debe ser independiente de todo poder.

Las cajas de ahorro no deben cambiar nunca su estructura de propiedad, ni jurídica.

Las cajas de ahorro no deben cambiar su vocación de servicios sociales y fundacionales, para lo que fueron creadas.

Las cajas de ahorro no deben salir de su región, salvo para ayudar a otras regiones con escasos recursos.

Las cajas de ahorro no deben aceptar capital privado, ya que en poco tiempo se volverían sucursales de los bancos.

Todos los gobiernos deberían invertir sus fondos de pensiones, de la Seguridad Social, Fondos de Seguridad de Empresas o sectores como el agrario, pesquero, etc., en las cajas de ahorro regionales, en vez de entregar miles de millones a empresas particulares, como son los bancos, que no benefician en nada la economía de las naciones y nunca lo harán porque sus beneficios y el dinero que reciban de los gobiernos siempre irán a engordar sus arcas y siempre pedirán más al gobierno y al pueblo.

Los intereses que cobrarían las cajas de ahorro regionales a personas, pequeñas y medianas empresas deberían ser únicos y un porcentaje del capital prestado a plazo fijo, decretado por el gobierno de la nación y prorrateado en el tiempo que dure la devolución.

Hasta ahora las cajas se han autofinanciado con sus beneficios, que siempre han sido crecientes, pero por esta crisis los gobiernos deben empezar a ayudarlas concienzudamente porque son la base de la economía de las regiones y, en su conjunto, de la nación.

Las cajas de ahorro son la base en la que se sustenta el sector financiero regional de cada nación y sus beneficios deberían activar la economía de cada región.

Las administraciones de las cajas de ahorro deben ser independientes de todo poder y transparentes en todo orden de cosas y deben ser elegidas y nombradas por concurso público a nivel regional por medio del Poder Electoral. Las Juntas Regionales estarían solo para el control interno de las cajas, y los Consejos Superiores Regionales de Sabios para el control externo.

Los administradores deben pertenecer y estar inscritos en el Consejo General Nacional de la Administración.

Los bancos quieren absorber a las cajas de ahorro, inyectándoles capital privado, mediante préstamos con intereses exorbitantes o por la compra de acciones que emitirían las cajas con respaldo de sus activos, y así poder entrar al gobierno de las cajas de ahorro. Pero no quieren que las cajas de ahorro se conviertan en bancos porque serían su competencia.

El Gobierno central, ni los gobiernos regionales por ningún motivo, deben permitir que las cajas de ahorro acudan al mercado financiero, ni que emitan acciones sobre sus activos, para incrementar sus recursos. Si hicieran falta recursos, serían los gobiernos centrales los que tendrían que solucionar los problemas económicos, en lugar de entregar miles de millones a empresas particulares como los bancos, que nunca devuelven ni resuelven nada en la economía nacional. Las cajas de ahorro desde sus inicios han tenido una función social y deben seguir así y acudir en apoyo de las personas, pequeñas y medianas empresas de la región.

Los sueldos de los funcionarios de las cajas de ahorro deben ser iguales a los sueldos de los funcionarios del gobierno central y regidos por el escalafón de sueldos y salarios a nivel nacional.

BANCOS

Los bancos son entidades en su mayoría particulares, como cualquier entidad de crédito necesitan:

Tener capital de trabajo propio.

El interés que cobran por los préstamos estas entidades debe ser fijo. La deuda que una persona, empresa o Estado adquiera con un banco o entidad de crédito no puede ser transferida a otra entidad, salvo acuerdos de ambas partes.

Ante cualquier deuda en momentos económicos difíciles para personas, empresas o Estados, como la actual crisis, podría abstenerse el pago durante un tiempo prudencial, sin acumular intereses ni moras.

El Euríbor no debe existir porque ha sido uno de los causantes de la burbuja inmobiliaria. Tampoco es una ley dictada por el congreso de los diputados y perjudica la economía popular.

Los bancos, tomando como achaque el euríbor, subían todos los días los intereses. Muchas veces era el capital del banco, pero de todas maneras le sumaban el euríbor, principalmente a las hipotecas.

Los bancos no deberían prestar más del capital de trabajo que poseen. No se entiende la falta de liquidez y menos la quiebra de los bancos, ya que por años vienen teniendo superávit de miles de millones y de un momento a otro no pueden estar descapitalizados, deben estar de por medio los paraísos fiscales o el secreto bancario.

Los bancos nunca pierden, que dejen de ganar algo en tiempos de crisis que casi siempre la originan ellos mismos, no es para tanto.

¿Por qué? Los gobiernos tienen que premiar la mala gestión de los bancos con dinero de los impuestos que paga el pueblo, ya que de ellos hay duda porque no tienen sus cuentas claras y nadie los controla.

Los gobiernos usan fondos públicos para comprar activos basura que no valen nada, que tienen los bancos.

Los bancos centrales de todos los países deben tener más control, sobre todo de los bancos de su nación. Y deben trabajar en coordinación con sus similares de todo el mundo, basándose en los principios de transparencia, solidez bancaria, responsabilidad, integridad y gobernabilidad global.

Toda empresa y en especial los bancos tienen que tener un capital de trabajo propio porque la actividad principal de un banco es prestar dinero a sus usuarios. Pero si no lo tienen se ven obligados a prestar a las grandes financieras para poder atender a sus usuarios, encareciendo el crédito (euríbor).

Los bancos primero no deben prestar dinero a otras entidades, pero si lo hacen no deben transferir los intereses que ellos tienen que pagar a sus clientes, ya que los intereses se duplican para los usuarios. Los intereses que los bancos aplican a sus préstamos deben ser fijos y prorrateados en el tiempo que dura la cancelación de los mismos, para que el cliente sepa lo que tiene que pagar todos los meses y no se lleve una sorpresa a fin de mes.

Los gobiernos a modo de control deben fijar el tipo de interés que deben aplicar los bancos y entidades financieras para sus préstamos.

Todo banco, entidad financiera o de crédito, deben estar abiertos y disponibles a cualquier inspección, intervención y auditoría de parte de todo gobierno, en el momento que este lo desee y autorice, para que el gobierno sepa en todo momento, dónde y en qué situación se encuentra el capital de trabajo de los bancos, el capital de sus accionistas y de los ahorristas. Y, en general, la situación económica de los bancos.

No se entiende que los bancos o entidades financieras nacionales para hacer un préstamo a sus clientes tengan que pedir prestado a otros bancos o financieras internacionales, encareciendo el crédito a nivel nacional.

Los gobiernos no tienen por qué inyectar dinero público a las entidades particulares como los bancos, cuando se está restringiendo y recortando las partidas de dinero a entidades públicas como salud, educación, justicia, etc. A pesar de estas inyecciones de dinero, los bancos siguen sin dar crédito y en las mismas: sin dinero.

Los gobiernos, mediante entidades crediticias que pertenezcan al Estado y las cajas de ahorro regionales, que nada tengan que ver con los bancos, deben hacer los préstamos a las pequeñas y medianas empresas a un interés mínimo fijo y prorrateado en el tiempo que dure la cancelación del crédito.

PARAISOS FISCALES

Los paraísos fiscales no son solo unos territorios donde se esconde el dinero que busca escapar de los impuestos o el procedente de las actividades delictivas y una forma de presión de las grandes empresas hacia los gobiernos para recibir cada vez mayores beneficios y dinero, en perjuicio de los trabajadores y gobiernos, su poca regulación sobre todo en materia financiera y su opacidad ha favorecido a muchas multinacionales y fondos especulativos para que tuvieran el terreno libre para realizar muchas de las operaciones que están en el origen de la crisis.

Estos territorios no colaboran ni facilitan la información sobre los movimientos especulativos en sus territorios, a pesar de que se llegó a poner sobre la mesa la posibilidad de imponer sanciones a los paraísos que incumplan con informar.

Los paraísos fiscales son el mayor drama del sistema financiero. Las empresas transnacionales deberían pagar los impuestos que les corresponden, pero estos paraísos las encubren.

La gran mayoría del comercio internacional se hace a través de los paraísos fiscales, lo que hace que los países pobres pierdan miles de millones.

La corrupción y los paraísos fiscales minan el desarrollo de los países pobres.

Hay una perniciosa relación entre los paraísos fiscales y el subdesarrollo en el mundo.

Las estructuras opacas de los paraísos fiscales permiten ocultar al propietario de los fondos, algo que hacen la mayoría de los dirigentes de países en vías de desarrollo. Su existencia es una incitación al pillaje, el apetito es insaciable, es una maquinación a destruir las instalaciones democráticas por el beneficio personal.

En los paraísos fiscales, hay cientos de miles de empresas ficticias que solo tienen un objetivo, la "evasión fiscal", con trucos contables y manipulando el precio de las transferencias. Las multinacionales logran no pagar impuestos allí donde operan. Es un sistema apoyado por el Banco Mundial, el Banco Europeo de Inversiones, el Fondo Monetario Internacional y otros.

Los paraísos fiscales, al igual que el secreto bancario, deben desaparecer, deben existir comisiones nombradas por la ONU en los países donde existen los paraísos fiscales para investigar, revisar, analizar las cuentas de todos los depósitos fraudulentos, empresas ficticias y de todas las personas con problemas judiciales por evasión de impuestos, defraudación al fisco y entidades del Estado o delitos de cualquier índole en sus respectivos países. Estas comisiones publicarían todas las cuentas con sus respectivos dueños para que los gobiernos intervengan poniendo fin a estos delitos. Si los depósitos son por evasión de impuestos, los gobiernos respectivos decomisarán el 50 %; pero si los depósitos son por defraudación, hurtos, apropiación de fondos del Estado, tráfico de drogas u otros delitos, el gobierno respectivo decomisará el 100%.

Los países donde están situados los bancos más conocidos como paraísos fiscales y entidades de crédito internacionales, que no aceptan la publicación ni dar información de las cuentas y de sus propietarios, lo que debe ser una obligación cuando se trata de averiguar delitos muy graves, van contra la economía y el bienestar de los habitantes de países más pobres del planeta. La Organización de Naciones Unidas (ONU) debe intervenir, poner orden y castigar si es necesario a estas entidades que atentan contra la honradez e impiden hacer justicia.

Toda transacción comercial, industrial, financiera, o de otro tipo, debe hacerse en el ámbito nacional de cada país, sea con empresas nacionales o extranjeras.

Toda salida o entrada de dinero o capital del país debe hacerse por intermedio del Banco Central de cada país, quien tendría que estar siempre bien informado de los motivos del por qué y para qué de esas transacciones; más aún si son desvíos de dinero al extranjero, como traspaso de dividendos, ganancias por producción de bienes y servicios, intereses, utilidades, etc. de un país al extranjero. Todo se debe hacer con la vigilancia y la autorización del Banco Central de cada país, nunca entre bancos particulares nacionales y extranjeros.

El Banco Central debe efectuar un control más estricto y perenne con las casas de cambio de moneda extranjera e instituciones extranjeras que proveen de fondos a personas y pequeñas empresas extranjeras sin ser fiscalizadas por el Banco Central del país, que hacen desaparecer a la pequeña y mediana industria y al comercio nacional.

Se debe dar un tiempo prudencial a las empresas o entidades nacionales que tengan capitales en bancos extranjeros para que lo traigan a bancos nacionales porque ese dinero se ha hecho con el esfuerzo y el sacrificio de trabajadores nacionales y en estos momentos de crisis debe beneficiar a la economía nacional.

Para toda nación que no pueda controlar la economía sumergida la solución sería un "CAMBIO DE MONEDA"

PROCESO DE RECAUDACION DE IMPUESTOS

El distrito tributario sería la base y el inicio de todo proceso de recaudación de impuestos.

La Agencia Tributaria Distrital dividiría al distrito en sectores tributarios.

Cada sector tributario estaría representado por un gestor administrador.

Las Agencias Tributarias Distritales inscribirán a todas las gestorías y gestores de sus distritos para designarlos a los diferentes sectores.

Las Agencias Tributarias Sectoriales, a su vez, inscribirían a todas las personas y a las pequeñas empresas de su sector en condición de tributar.

Estas oficinas sectoriales servirán de apoyo al contribuyente, asesorándole en el pago de sus impuestos. Y, al Gobierno, recaudando mejor y sin ningún coste.

Las Gestorías

Las Gestorías recopilarán toda la información de los contribuyentes, como pagos, facturas de compra y ventas etc.

Gestionarían el pago de sus impuestos (irpf,iva)

Gestionarían el pago de su Seguridad Social.

Gestionaría el pago de retenciones de local y otros.

Estas oficinas sectoriales asesorarían a las personas, empresas personales, familiares, y pequeñas empresas en su formación, inscripción en los registros públicos y en el pago de sus impuestos.

También les rellenarían los formularios para entregar a las diferentes entidades públicas y pagos a los bancos. Una vez que las personas hayan entregado los formularios a las entidades públicas o hayan hecho los pagos correspondientes, devolverán la copia sellada a la gestoría para su control.

Toda persona o pequeña empresa, en condiciones de tributar, debe estar inscrita en la gestoría de su sector, como primer paso en tributación y pago de sus impuestos.

VENTAJAS PARA EL GOBIERNO

El Gobierno no pagaría nada a estas gestorías, al contrario, ellas tendrían que pagar sus impuestos.

Las gestorías de cada sector cobrarían un mínimo a cada contribuyente por los servicios prestados. Este mínimo sería designado por el Gobierno y controlado por las Agencias Tributarias Distritales.

De este modo, todos pagarían sus impuestos.

Así que en este momento de crisis, se podrían rebajar los impuestos a las personas y empresas sin afectar mayormente al Estado.

Disminución de los gastos administrativos en todo este sector.

La recaudación de los impuestos sería mayor.

Hacienda no tendría que mandar notificaciones, avisos ni estar devolviendo a los contribuyentes cobros que no debió hacer.

Las Agencias Tributarias Distritales no tendrían ningún contacto con los contribuyentes, sino directamente con las Agencias Tributarias Sectoriales (gestorías sectoriales).

Con este sistema se sabría quiénes viven en cada sector, se detectaría la delincuencia, el tráfico de drogas, el terrorismo, la prostitución clandestina, los enfermos contagiosos etc.

Detectar la economía sumergida, las empresas fantasmas que no pagan impuestos.

Dirigir las inversiones del Gobierno.

Se crearían miles de puestos de trabajo.

VENTAJAS PARA LAS GESTORIAS

No disminuiría la cantidad de ingresos que por diversos conceptos tienen en este momento, aumentarían significativamente el número de clientes y de capital de la empresa.

Se beneficiarían con la bajada de impuestos a las pequeñas empresas si lo hubiera. Aumentarían sus ingresos, si lograran inscribir a todas las personas y empresas de su sector, en condición de tributar, ya que sería su obligación y responsabilidad frente al Gobierno.

VENTAJAS PARA EL TRABAJADOR O PEQUEÑA EMPRESA

Se evitarían muchos problemas al pagar sus impuestos.

A las gestorías se les pagaría una mensualidad fija, mínima impuesta por el gobierno.

No pagarían mora, ni le embargarían sus bienes por desconocimiento de las leyes.

Tener un asesor permanente para cualquier consulta sin gasto extra.

Evitar pérdida de tiempo para ir al gestor, pudiendo llamar por teléfono o correo electrónico, para cualquier consulta.

Se beneficiarían con la bajada de impuesto si la hubiera.

ESCALAFÓN SUELDOS Y SALARIOS

REMUNERACIONES DEL TRABAJO
BASE MÍNIMA XXX

CATEGORÍAS:

NIVELES:

OBREROS

1- Salario mínimo, con o sin estudios primarios, recién incorporados.
2- Trabajos de riesgos, trabajos nocturnos.
3- Estudios secundarios ESO, cierta experiencia en el trabajo.
4- Trabajos de riesgo, trabajos nocturnos.
5- Tiempo de servicio, experiencia y responsabilidad.
6- Trabajos de riesgo, trabajos nocturnos.

TÉCNICOS

7- Bachiller, recién incorporados a trabajos.
8- Trabajos de riesgo, trabajos nocturnos.
9- Técnico con cierta experiencia en el trabajo.
10- Trabajos de riesgo, trabajos nocturnos.
11- Tiempo de servicio, experiencia y responsabilidad.
12- Trabajos de riesgos, trabajos nocturnos.

PROFESIONALES

13- Estudios superiores recién incorporados al trabajo.
14- Trabajos de riesgo, trabajos nocturnos.
15- Título profesional, cierta experiencia en el trabajo.
16- Trabajos de riesgo, trabajos nocturnos.
17- Máster.
18- Doctorado.

FUNCIONARIOS

19- Personal de oficina
20- Atención al público, servicio nocturno.
21- Jefes de sección, sector, área.
22- Jefe de departamento (cobranzas, préstamos, moneda extranjera)
23- Sub. jefe de oficina.
24- Jefe de oficina responsable

DISTRITALES

25- Sub. Jefes distritales de los 4 poderes del Estado (asesores).
26- Jefes distritales de los 4 poderes del Estado.

REGIONALES

27- Sub. Jefes regionales de los 4 poderes del Estado (asesores).
28- Jefes regionales de los 4 poderes del Estado.

NACIONALES

29- Sub. Jefes nacionales de los 4 poderes del Estado (asesores).
30- Jefes nacionales de los 4 poderes del Estado.

EJÉRCITO

31- Soldados, policías (G. Civil, Policía Nacional Municipal, Guardia Jurado).
32- Soldados y policías especializados, trabajos de riesgo.
33- Cabos.
34- Cabos especializados, trabajos de riesgo.
35- Sargentos.
36- Sargentos especializados, trabajos de riesgo.
37- Sub. Oficiales, plana menor.
38- Sub. Oficiales especializados, trabajo de riesgo.
39- Sub. Tenientes.
40- Sub. Tenientes especializados, trabajos de riesgo.
41- Tenientes.
42- Tenientes especializados, trabajos de riesgo.
43- Capitanes.
44- Capitanes especializados, trabajos de riesgo.
45- Mayores.
46- Mayores especializados, trabajos de riesgo.
47- Comandantes.
48- Comandantes especializados, trabajos de riesgo.
49- Coroneles.
50- Coroneles especializados, trabajos de riesgo.
51- General de Brigada.
52- General de Brigada especializados, trabajosde riesgo.
53- General de División.
54- General de División especializados, trabajosde riesgo.
55- Jefes de los cuerpos policiales.
56- Jefes de los cuerpos militares, ejércitos tierra, mar, aire.
57- Jefe del Comando Conjunto.
58- Presidente de la República.
59- El rey.

AGRO

COMPOSICION DEL PRECIO DEL PRODUCTO. Ej.: Fases.

20% Agricultor
10% Recolector

10% Clasificación y Empaque
20% Transporte

30% Comercialización
10% Fondo de Garantía

_____

100% Total del Coste del Producto

El fondo de garantías es para todas las fases de la producción y comercialización.

Los fondos de garantías sirven para cuando se producen desastres naturales, inundaciones, sequías, productos de baja calidad, accidentes, deterioros de productos, caducidad.

- Se podrían crear empresas en cada una de estas fases.
- Se podrían crear empresas anexas al agro (alquiler de maquinaría agrícola, venta de semillas fertilizantes, insecticidas, etc.)

De igual modo, se puede hacer con la pesca, minería, el petróleo, el gas, etc.

PEQUEÑAS EMPRESAS CON CAPITALES TRIPARTITOS

La creación de estas empresas en todos los sectores de la actividad humana (construcción, servicios, agricultura etc.).

Capitales tripartitos:

Gobiernos, central, regional o local, aportarían un tercio del capital.

Trabajadores, profesionales, técnicos o manuales aportarían un tercio del capital

Accionistas particulares aportarían un tercio del capital.

En estas empresas el director, administrador, debería ser una persona independiente de todo poder y que represente a las tres partes o, mejor dicho, a la empresa. Es el que fija objetivos y actividades, controla el capital y bienes de la empresa.

El control interno (administrador y trabajadores) externo (Gobierno local) impuesto (gestoría).

El Gobierno local no intervendría en la dirección ni en la administración de estas empresas, pero sí en su control.

Los Gobiernos central, regional y local serían creadores y promotores de estas empresas para poder crear puestos de trabajo.

En los presupuestos de este año y el siguiente, hay partidas de miles de millones de euros anticrisis, miles de millones de euros para salvar la banca y en lugar de dar subsidios, avales o pagar el paro a personas o empresas se deberían formar estas empresas.

Utilización de pequeñas empresas con capitales tripartitos:

Para rehabilitar viviendas.

Servicios a los ayuntamientos.

Para la agricultura.

Para limpieza de edificios públicos etc.

El Gobierno local debería tener un departamento legal para atender todas las necesidades de estas empresas, así también realizaría el control de estas.

Las direcciones o las administraciones de estas empresas deben ser elegidas por el Jurado Regional de Elecciones de cada región.

GRUPO 100

Formar un grupo de 100 o más naciones.

Todas estas naciones deben ser independientes y democráticas.

Este grupo debería estar compuesto en su mayoría por países productores de materias primas y productos energéticos y todos los países que quieran integrarlo.

Sería una contrapartida para los grupos G-8, G-20, que son los que dirigen a su antojo el aparato económico y financiero a nivel mundial.

Sería un grupo amplio de países, aunque no tengan tantos recursos financieros; pero sí económicos (Materias primas).

Sería un grupo que abarque más del 50% de los países que integran la Organización de las Naciones Unidas.

Para comenzar, estos países deberían reunirse en países participantes del grupo 100 para que reflexionen sobre:

Una respuesta de las materia primas al mundo financiero.

Para conocer sus necesidades, prioridades de sus pueblos.

Cuál es el lugar que le corresponde a cada país en el mundo económico financiero.

Qué quieren lograr a corto, mediano y largo plazo.

Dónde y con quién queremos intimar.

Hay que reorganizar el vínculo entre los sistemas financieros, económicos (materias primas), producción, y comercialización.

Hay que compartir equitativamente las ganancias o beneficios entre todos los países (ganancias de toda actividad económica).

Es hora de que el mundo financiero-económico y la sociedad en general redoblen esfuerzos para elaborar un modelo económico más competitivo y equitativo que nos saque de la crisis.

Apostando por la investigación, la tecnología, la innovación, el desarrollo y el conocimiento claro de cada realidad, para poder solucionar cada uno de los problemas que aquejan a la humanidad.

FONDO HUMANITARIO UNIVERSAL FHU

Este fondo estaría formado por el aporte de las mayores fortunas del mundo y de toda persona, familia, asociaciones, empresas, gobiernos y todo aquel que quisiera aportar para este fondo.

Los países integrantes del Fondo Monetario Internacional FMI que quieran salir de este fondo podrían salir a integrar el Fondo Humanitario Universal (FHU).

Este fondo sería para resolver los problemas más urgentes de las poblaciones más desprotegidas del planeta.

La ONU tendría que crear una Comisión Permanente que dirija, administre y controle estos fondos. Y la creación de una banca para este fin.

Las Organizaciones no Gubernamentales, ONGs, que quisieran podrían inscribirse para participar en los programas que organizaría la ONU en todos los países pobres para ayudar a las poblaciones más pobres, tan olvidadas y desprotegidas.

Cada país o población que necesita ayuda la solicitaría por medio de una ONG o fundación que esté inscrita en la ONU (Comisión Permanente de los Fondos Humanitarios Universales) quienes presentarán un proyecto concreto específico y viable para que la Comisión estudie, apruebe y autorice su ejecución.

La utilización de estos fondos también serviría para formar pequeñas empresas de capitales tripartitos; intervendría el Gobierno Central y Regional del país y el Fondo Humanitario Universal.

La dirección independiente, administración, profesional sería independiente y el control interno estaría gestionado por una ONG del país y el externo, por la ONU.

Las grandes potencias industrializadas y sus grandes industrias, que contaminan aire, mar y tierra, deben pagar un porcentaje de sus utilidades por producción y comercialización para engrosar el Fondo Humanitario Universal (FHU) para la seguridad y bienestar de los más desfavorecidos de este mundo y contra la contaminación y el cambio climático que se produce debido al bióxido de carbono (CO_2) y a los productos químicos en desechos que liberan las grandes industrias y la explotación de minas y productos energéticos derivados del petróleo y minerales radiactivos, nocivos para el ser humano.

Fondo Humanitario Universal (FHU) Ayuda a la
Población Mundial

PARTIDOS POLITICOS – CENTRALES SINDICALES

Los partidos políticos son facciones o bandos que rigen o aspiran a regir los asuntos públicos, que ponen toda clase de medios para conseguir gobernar el Estado.

Pero esos medios deben ser honestos, debe haber cortesía, humildad, habilidad y buen modo de portarse para alcanzar el fin.

Las centrales sindicales son organismos sin ánimo de lucro que fueron creadas para defender al trabajador, pero a pesar de que el trabajador paga para que lo defienda, la empresa gana porque paga mucho más.

Los partidos políticos y las centrales sindicales son entes que el Estado subvenciona con partidas de dinero del contribuyente para que administren los bienes de la nación en beneficio del pueblo y gobiernen mediante leyes para bienestar de la población, defiendan al trabajador y su familia, que es la base en que se asienta toda sociedad, velando por sus derechos y bienestar.

Pero estos organismos hacen todo lo contrario, defienden a las grandes empresas particulares, a los grandes monopolios internacionales, entregándoles las riquezas de los países, el dinero del contribuyente, dando leyes que benefician a estas empresas y perjudican a los más pobres que en estos momentos ya son esclavos del gran capital. Los ricos cada vez son más ricos y el pobre, cada vez más pobre.

Los sueldos de estas castas políticas y sindicales son tan altos que parece que trabajaran mucho. Y los sueldos y salarios de los pobres son tan insignificantes que parece que no trabajaran nunca.

Los gobiernos deben empezar a controlar a estas castas indolentes no permitiéndoles los abusos que cometen contra el pueblo.

En la actualidad, gran parte de los políticos se valen de toda clase de medios despectivos y propósitos ruines, mentiras, acciones y palabras vejatorias para arruinar y destruir la imagen del rival, sin tener en cuenta, ni importarle, la imagen de la nación, que es la que les paga todos los gastos para que trabajen para el pueblo y muchas veces no lo hacen.

EL PUEBLO SOBERANO

Cuando los sueldos y salarios bajan, se congelan o destruyen por la quiebra de las empresas o artimañas del gran capital, los trabajadores y sus familias quedan en el abandono, sin ninguna entrada; es algo ilógico que la luz, el agua, la gasolina, los servicios públicos, los impuestos suban sin ningún miramiento hacia la población que queda al borde del precipicio en estado mortal (puñalada por la espalda que los gobiernos le dan al pueblo ingenuo por haberlos elegido). Mientras las grandes empresas, los grandes capitales acumulan más riquezas.

Entonces los gobiernos para qué han sido elegidos por el pueblo, si no hacen nada para parar esta ignominia.

Cuando hay altos funcionarios del Gobierno y de empresas particulares que tienen varios puestos de trabajo y muchas entradas económicas; mientras la gran mayoría de la población sufre lo indecible por conseguir un pan para su hogar y un milagro llamado trabajo.

Cuando los ministerios o ministros delegan sus funciones a las regiones, entonces ¿para qué papá gobierno les paga altísimos y desproporcionados sueldos y muchos beneficios más en estos momentos de cruda realidad para el pueblo que se muere de hambre?

Cuando los jueces intocables e imparciales nunca castigan a los poderosos; ya que para ellos los pobres tienen en su frente un letrero de culpable.

Cuando los ricos se dan el lujo de tirar millones de toneladas de alimentos a la basura; los pobres se mueren de hambre.

Cuando la juventud por no tener recursos deja de estudiar y se dedica a la delincuencia para subsistir; los ricos tienen profesores particulares en sus casas y las universidades abiertas de par en par.

Cuando los ricos despilfarran las riquezas mal habidas en lujos y cosas banales e innecesarias para la vida del ser humano, los pobres esperan un milagro para subsistir.

El mundo se pudre a causa de este sistema socioeconómico financiero, letal para la humanidad, como es el neoliberalismo o neocolonialismo que esclaviza a los pobres y a los ricos los hace más ricos.

Entonces este sistema debe cambiar radicalmente y para siempre.

El pueblo soberano es el único que puede poner coto a esta infamia universal.

SOLUCION

Se requiere la formación de un Partido Humanitario Universal (PHU), con ramificaciones en todos los países del mundo.

AUTOR:

Armando Ramiro Jiménez Arana
DNI Perú: 07957853C.
DNI Español: 51550625N.
Teléfono: (+34) 914-776873.
Correo electrónico: aperu-em@hotmail.com
Profesión: Ingeniero Industrial.
Registro: 39635 Colegio de Ingenieros del Perú.
Presidente de la Asociación de Peruanos Residentes Unidos-España Madrid (APERU-EM).
Inscrita en la Comunidad de Madrid con núm.: 24517.
Inscrita en el Ministerio del Interior con núm.: 169748.

SUGERENCIAS ANTERIORES

Javier Pérez de Cuéllar

Lima, 14 de marzo de 1995

Señor Ingeniero
Armando Ramiro Jiménez Arana
Av. Brasil 1609
Dpto. 306
JESUS MARIA

Estimado Ingeniero Jiménez:

He recibido su atenta carta del pasado 7 de marzo y deseo agradecer su sincero apoyo a mi candidatura independiente a la Presidencia de la República en las próximas Elecciones Generales.

Deseo asimismo, agradecer sus interesantes sugerencias con respecto a la campaña electoral, las mismas que encuentro muy acertadas. He trasladado su carta al Dr. Guido Pennano, Jefe de Campaña con la finalidad que sus sugerencias sean tomadas en cuenta.

Aprovecho la oportunidad para saludarle y agradecer su gentil colaboración, ya que con el apoyo de personas como usted la UNION POR EL PERU será una realidad.

Cordialmente,

Javier Pérez de Cuéllar

Fax 914786747

** Informe Transmisión **

P.1   24 Ene 2006 19:41

Num. Teléfono/Fax	Modo	Iniciar	Hora	Pág.	Result.	Nota
107400541143443700	Normal	24, 19:38	3'41"	5	OK	

Señor Presidente de Argentina
Dn. Néstor Kirchner

    Yo, Armando Ramiro Jiménez Arana, peruano, ingeniero industrial, con DNI español Nº X2787984-Q, domicilio en c/ Josué Lillo Nº 11-Bajo B. Madrid, teléfono Nº 91-4776873. Presidente de la Asociación de Peruanos Residentes-España Madrid (APERU-EM), teléfono Nº 91-4778972, local Avenida San Diego Nº 83 Madrid.

    Vine a España con toda mi familia, hace siete años, para que mis hijos estudien y tengan un porvenir mejor que el que le esperaba en Perú, ellos siguen estudiando a pesar de la discriminación que existe.

    Señor Presidente, sabedor de su gran vocación en defensa de los intereses de los países de América del Sur, sobre todo en lo social, económico y financiero. Recurro a usted al igual que a los presidentes de Venezuela y Brasil, para que lideren y sigan luchando para la integración, unión y desarrollo de los países de esta región, contra los países industrializados, que nos explotan hasta hacernos sumisos a sus malsanos intereses.

    He esperado la realización de las dos cumbres (Iberoamericana y de las Americas) y al comprobar que no ha beneficiado en nada a nuestros países, me veo en la necesidad de dirigirme a ustedes para hacerles saber mi punto de vista.

    Los peruanos en vísperas de la realización de las elecciones generales, y la preocupación nuestra es, no tener ningún candidato idóneo para defender los intereses de nuestro país. Todos miran al Imperialismo yanqui como tabla de salvación cosa que es como siempre lo contrario.

    Mi obligación como peruano y suramericano, es contribuir con un granito de arena, para unirnos en torno a los problemas de nuestros pueblos y elaborar un sistema: político, social, económico, financiero, que nos saque de la mediocridad en la que vivimos.

    El sistema actual que nos explota y nos oprime llamado neo capitalismo o nuevo capitalismo, que es una reforma del capitalismo liberal de la edad media, tan explotador y esclavizante como el actual. Este sistema permite la explotación y la esclavitud económica de la humanidad, por unos cuantos que acaparan las riquezas mediante:
-Distribución de la "Renta Mundial" entre los más poderosos económicamente.
-Con fuerte base en los instrumentos:
    -Monetarios.
    -Fiscales.
    -Comercio exterior.
-Características principales de este sistema:
    -Aumento de la productividad.
    -Aumento acelerado de los precios o inflación.
    -La intervención del Estado apoyando al gran capital.
-El desarrollo de estos principios originan:

Num. Teléfono/Fax	Modo	Iniciar	Hora	Pág.	Result.	Nota
107400556134112222	Normal	31.21:55	0'39"	0	T.1.1	
↑ Fallo Trasmision		Enviar doc(s) de Pág. 1				

Señor Presidente de Brasil
Dn. Luiz Inácio Lula Da Silva

 Yo, Armando Ramiro Jiménez Arana, peruano, ingeniero industrial, con DNI
español N° X2787984-Q, domicilio en c/ Josué Lillo N° 11-Bajo B. Madrid, teléfono N°
91-4776873. Presidente de la Asociación de Peruanos Residentes-España Madrid
(APERU-EM), teléfono N° 91-4778972, local Avenida San Diego N° 83 Madrid.

 Vine a España con toda mi familia, hace siete años, para que mis hijos estudien y
tengan un porvenir mejor que el que le esperaba en Perú, ellos siguen estudiando a pesar
de la discriminación que existe.

 Señor Presidente, sabedor de su gran vocación en defensa de los intereses de los
países de América del Sur, sobre todo en lo social, económico y financiero. Recurro a
usted al igual que a los presidentes de Venezuela y Argentina, para que lideren y sigan
luchando para la integración, unión y desarrollo de los países de esta región, contra los
países industrializados, que nos explotan hasta hacernos sumisos a sus malsanos
intereses.

 He esperado la realización de las dos cumbres (Iberoamericana y de las
Americas) y al comprobar que no ha beneficiado en nada a nuestros países, me veo en la
necesidad de dirigirme a ustedes para hacerles saber mi punto de vista.

 Los peruanos en vísperas de la realización de las elecciones generales, y la
preocupación nuestra es, no tener ningún candidato idóneo para defender los intereses
de nuestro país. Todos miran al Imperialismo yanqui como tabla de salvación cosa que
es como siempre lo contrario.

 Mi obligación como peruano y suramericano, es contribuir con un granito de
arena, para unirnos en torno a los problemas de nuestros pueblos y elaborar un sistema:
político, social, económico, financiero, que nos saque de la mediocridad en la que
vivimos.

 El sistema actual que nos explota y nos oprime llamado neo capitalismo o nuevo
capitalismo, que es una reforma del capitalismo liberal de la edad media, tan explotador
y esclavizante como el actual. Este sistema permite la explotación y la esclavitud
económica de la humanidad, por unos cuantos que acaparan las riquezas mediante:
-Distribución de la "Renta Mundial" entre los más poderosos económicamente.
-Con fuerte base en los instrumentos:
 -Monetarios.
 -Fiscales.
 -Comercio exterior.
-Características principales de este sistema:
 -Aumento de la productividad.
 -Aumento acelerado de los precios o inflación.
 -La intervención del Estado apoyando al gran capital.
-El desarrollo de estos principios originan:

PRESIDÊNCIA DA REPÚBLICA
Gabinete Pessoal do Presidente da República

Brasília, 08 de fevereiro de 2006.

ARMANDO RAMIRO JIMENEZ ARANA
Presidente
Associação Peruana de Residentes na Espanha Unidos - APERU-EM
Avenida San Diego, 83 –
MADRI
ESPANHA

Prezado Senhor,

O Presidente Luiz Inácio Lula da Silva encarregou-nos de registrar o recebimento de sua carta, postada em 25/01/2006, e de agradecer os comentários e sugestões.

Atenciosamente,

CLAUDIO SOARES ROCHA
Diretor
Diretoria de Documentação Histórica

ASOCIACIÓN PERUANA DE
RESIDENTES UNIDOS ESPAÑA

FUNDADA EL 06-12-1999
ESPAÑA-MADRID

Registro Nacional N 169748

Registro Comun. De Madrid N 24517

NIF- G 84403880

C. Josué Lillo N 11-Bajo B- C.P. 28053

Teléfono: 91-4776873

Email: aperu-em@hotmail.com

Madrid 28 de Julio 2006

Señor, Alan García Pérez
Presidente de la República del Perú

S. P.

    Yo, Armando Ramiro Jiménez Arana, peruano, Ingeniero industrial, con domicilio en Madrid calle Josué Lillo N° 11 Bajo "B", teléfono N° 91- 4776873, Aprista de nacimiento, Presidente de la Asociación de Peruanos Residentes Unidos España-Madrid (APERU-EM), asociación que fue creada en 1999, para formar empresas y coordinar con otras, especialmente en nuevas tecnologías, entre Perú y España.

    S. P., esta misiva fue propuesta en Asamblea general de la asociación, su misión en principio es felicitarle por su triunfo en las elecciones generales del Perú, y pedirle a nombre de los peruanos y en especial de los apristas, ser prudente y precavido y en cierto modo desconfiado, por que en ésta vida siempre hay malos elementos que nos llevan al fracaso; para que no suceda lo de su gobierno anterior. Así como ahora, en su gobierno anterior le envié unas sugerencias, que fueron agradecidas por la Secretaria General del Estado, yo hubiera preferido que UD. Se enterara.

    Le pedimos esto, por que visto la composición del Poder Legislativo, estaría atado, sin libertad para actuar; ya que este poder esta compuesto por tres grupos principales, con casi un tercio de representantes cada grupo, y con políticas bien diferentes.

    Nuestra obligación como peruanos, es contribuir con un granito de arena, para unirnos en torno a los problemas de nuestros pueblos, con el fin de plantear un sistema o nuevo orden político, social, cultural, económico-financiero, que nos saque de la mediocridad en la que vivimos. Ya que la mayoría del país es conciente, que el sistema actual, ni responde a sus intereses, ni atiende sus necesidades; por ello se requiere un cambio.

    Crecimiento económico con equidad, justicia social y creación de empleo, un cambio en la política para desterrar la corrupción y el aprovechamiento del poder. Se pide cambio en el manejo del Estado, para que se realice la desprivatización de los servicios públicos. En general un cambio para que el estado deje de ser un feudo de mafiosos y tecnócratas.

    Este nuevo orden debe de defender los intereses de las grandes mayorías desprotegidas y no los intereses de las grandes empresas o grandes capitales, que ya han tenido bastante.

    Este cambio se debe llevar a cabo con un nuevo contrato social, base de una y autentica democracia representativa, participativa, que se consigue con una nueva constitución, mediante Asamblea Constituyente, y sometida a Referéndum, para que cuente con legitimidad y transparencia, que carece la actual, que tiene un enfoque neoliberal, que recorta derechos sociales y atribuciones del estado que carece de mecanismos de control y participación ciudadana, que lejos de ser un contrato social

Señor Alberto Ruiz Gallardón Jiménez
Alcalde electo del ayuntamiento de Madrid

Madrid, 13 de Junio de 2007

Yo Armando Ramiro Jiménez Arana, presidente de la Asociación de Peruanos Residentes Unidos España Madrid (APERU-EM), con DNI X 2787984-Q.

Sabedor, que esta buscando un nombre para concejales que no han sido elegidos por el pueblo, quiero sugerirle un nombre:

- APODERADO/A: ya que esta palabra significa, adj. Dícese del que tiene poder de otro para representarlo y proceder en su nombre
- Apoderar: verbo, dar poder a una persona para que represente a otra u otras

Sin otro particular, le saludo atentamente

Armando R. Jiménez Arana
Presidente de (APERU-EM)

Asociación de Peruanos Residentes España Madrid (APERU-EM)
NIF: G 8440 3880 **R.N.** 169748 **R. Comunidad:** 24517
C/. Josué Lillo n° 11 Bajo B C.P. 28053
Telef. 91 477 68 73   Fax: 91 478 96 17
e-mail: Aperu-em@hotmail.com

madrid

Ana Román

19 de junio de 2007

Sr. D. Armando R. Jiménez Arana
Presidente APERU-EM
Josué Lillo, 11 bajo B
28053 MADRID

Estimado amigo,

Por indicación del Alcalde de Madrid, le agradezco de modo muy sincero el escrito que ha tenido la amabilidad de dirigirle.

Reciba, con este motivo, el cordial saludo de,

Concejal de Coordinación de Estudios
y Relaciones Externas

SEÑOR CELESTINO CORBACHO
MINISTRO DE TRABAJO E INMIGRACIÓN

S.M.

Yo, Armando Ramiro Jiménez Arana peruano, Ingeniero Industrial, con domicilio en Madrid, C/. Josué Lillo Nº 11 Bajo "B" Vallecas, con teléfono Nº 914776873.
Presidente de la Asociación de Peruanos Residentes Unidos-España Madrid (APERU-EM), teléfono 914789617.

Señor Ministro, como integrante de esta sociedad que esta pasando momentos difíciles pienso que lo primordial es mantener el empleo que es la fuente económica de todas las familias, innovar buscando la perfección en todo orden de cosas debe ser uno de los objetivos de este gobierno.

Señor Ministro, en tres oportunidades desde el mes de Julio de 2008 y por diferentes vías, envié al Señor Presidente de la Republica de España José Luís Rodríguez Zapatero unas sugerencias, de las cuales no he recibido respuesta, quizás por sus múltiples ocupaciones le es imposible atender todos sus asuntos, le envío el texto sin modificar.

Los sueldos y los salarios es uno de los elementos más importantes del proceso productivo, ya que influye mucho en los costes de producción, pero es el alma de toda economía domestica, por tal motivo dar unas remuneraciones justas a los trabajadores en todos los niveles, teniendo en cuenta sus estudios, especialización, riesgos de trabajo y tiempo de servicios, beneficia a as familias, al consumo, las ventas y a la producción. Por eso se tendría que confeccionar un escalafón de remuneraciones a nivel nacional y general para todos los trabajadores, que justifique en el sueldo o salario todas las cualidades de los trabajadores.

Las remuneraciones deberían tener una base a nivel mínimo, el nivel mínimo nunca podrá ser menor que la base mínima (el nivel mínimo, podrá ser el de un salario de un obrero que recién comienza a trabajar sin experiencia y sin o con estudios primarios). Una base y un nivel máximo, el nivel máximo nunca podría ser mayor que la base máxima (el nivel máximo podrá ser lo que gane el Presidente de la Republica). La base máxima seria la que corresponda al Rey.

Las bases no variarían, salvo en un estado de crisis nacional e internacional, como la actual (a la baja) o en un estado de auge económico nacional bien prolongado en el tiempo (al alza). Los niveles mínimos y máximos, variaran según el momento económico que vive el país, podría tomarse como referencia, el Producto Interior Bruto (PIB) mensualmente o anual. Este aumento o disminución de salarios o sueldos estaría dado por un ratio que lo elaboraría el Instituto Nacional de Estadística (INE).

Señor Presidente
José Luís Rodríguez Zapatero
S.P

Yo, Armando Ramiro Jiménez Arana, peruano Ingeniero Industrial, con domicilio en Madrid, calle Josué Lillo nº 11 Bajo "B" Vallecas, con teléfono nº 914776873. Presidente de la Asociación de Peruanos Residentes Unidos - España Madrid (APERU-EM) teléfono nº 914789617.

Señor presidente, sabedor de los momentos difíciles de la economía a nivel mundial, mi deber como integrante de esta sociedad que esta pasando por momentos difíciles, es contribuir con un granito de arena para unirnos entorno de esta crisis que a pesar de no ser culpa de este gobierno, tiene la obligación de buscar una solución lo mas pronto posible, para salir de esta situación tan engorrosa. Aunque la mayoría de las personas de este país son consientes de que el problema viene de fuera, sienten que el momento económico, ni responde a sus intereses, ni atiende sus necesidades; por lo que quieren una solución lo antes posible de parte del gobierno.

Señor presidente, dentro de mi humildad, me permito estas sugerencias, para mantener el empleo y la economía del pueblo a un nivel mas o menos razonable.

Gestorías Administrativas
Recaudación de impuestos

Impuestos, son tributos o cargas que paga el pueblo para mantener al estado.
Hacienda pública, cúmulo de bienes y riquezas o rentas que tiene o recibe el estado (Agencia Tributaria española).
Agencias Tributarias Autónomas, en conexión directa con la agencia tributaria española.
Agencias tributarias distritales, en conexión directa con las Agencias Tributarias Autónomas.
El distrito se dividiría en sectores tributarios, a cargo de gestorías administrativas.
Gestorías administrativas, estarían a cargo del Gestor Administrador.
Gestor Administrador, responsable, que se encargaría de gestionar y recabar los impuestos de las personas y pequeñas empresas de su sector, por encargo de hacienda.

PROCESO DE RECAUDACION DE IMPUESTOS

Agencia Tributaria Distrital, dividiría al distrito en sectores tributarios.
Cada sector tributario estaría representado por un gestor administrador.
Las Agencias tributarias Distritales, inscribirían a todas las gestorías y gestores de su distrito, para designarlos a los diferentes sectores.
Las Agencias tributarias Sectoriales, a su vez, inscribirían a todas las personas y a las pequeñas empresas de su sector.
Estas oficinas sectoriales, servirían de apoyo al contribuyente, asesorándole en el pago de sus impuestos. Y al gobierno recaudando mejor y sin ningún coste.
Las gestorías, recepcionarían toda la información de los contribuyentes, como pagos, facturas de compra y ventas etc.
Gestionarían el pago de sus impuestos (IRPF, IVA, etc.)
Gestionarían el pago de su seguridad social.
Gestionarían el pago de retenciones de local y otros.

APERU-EM
FUNDADA EL 09-10-1999
ESPAÑA-MADRID

ASOCIACIÓN PERUANA DE
RESIDENTES UNIDOS ESPAÑA

Señor Presidente
José Luís Rodríguez Zapatero
S.P.

Admiro su capacidad para afrontar estos momentos difíciles que esta atravesando el pueblo Español, es por ello que me permití como socialista, enviarle ciertas sugerencias, las mismas que las curse, por Registro General del Ministerio de la Presidencia, con fecha de entrada, el 04 de noviembre de 2008, y que a la fecha no he recibido respuesta para hacerla extensiva a mis compañeros de la Asociación.

Así mismo, le hago constar que no es la primera vez que colaboramos con el partido en campañas electorales anteriores hemos trabajado para su triunfo como organización social, y políticamente con los compañeros del Distrito de Vallecas y en este momento estamos prestos a colaborar con su partido.

Atentamente

Armando Ramiro Jiménez Arana
Presidente
Asociación de Peruanos Residentes Unidos
España – Madrid

PRESIDENCIA
DEL GOBIERNO

José Enrique Serrano Martínez
DIRECTOR DEL GABINETE
DE LA PRESIDENCIA DEL GOBIERNO

Madrid, 12 de noviembre de 2008

Sr. D. Armando Ramiro Jiménez Arana
Presidente de la Asociación de Peruanos
Residentes Unidos España
Josué Lillo, 11 - Bajo B
28053 MADRID

Estimado señor:

Acuso recibo de la carta que ha dirigido al Presidente del Gobierno, en la que se refiere a la situación económica, y le agradezco las propuestas que realiza sobre posibles medidas a adoptar.

Reciba un cordial saludo,

MINISTERIO
DE TRABAJO
E INMIGRACIÓN

GABINETE DEL MINISTRO

COMUNICACIÓN CON LOS
CIUDADANOS

°N/REF: EM

ASUNTO: 1588/09

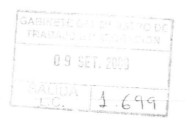

D. Armando Ramiro Jiménez Arana
C/ Josué Lillo Nº 11 Bajo B
28053-Vallecas
(MADRID)

miércoles, 09 de septiembre de 2009

Estimado Sr.: JIMÉNEZ:

Acusamos recibo de la carta que ha remitido al Ministerio de Trabajo e Inmigración y agradecemos su voluntad de colaborar con la Administración haciéndonos llegar sus sugerencias. Compartimos su preocupación y sus esfuerzos para solucionar una situación económica como la que atravesamos en la actualidad, que requiere la colaboración de todos, y tomamos nota de su sugerencia.

Un atento saludo.

LA JEFA DE SERVICIO

Esperanza Maqueda Herrero

CORREO ELECTRÓNICO
cciudadanos@mtin.es

C/ Agustín de Bethencourt, 4
28071 MADRID
TEL: 91 363 06 35
FAX: 91 363 04 25

Madrid, 17 de septiembre de 2009

D. Armando Ramiro Jiménez Arana
C/. Josué Lillo, nº 11 bajo B
28053 MADRID

Muy Sr. mio:

Ante la imposibilidad de hacerlo personalmente como sería su deseo, la Vicepresidenta Segunda del Gobierno y Ministra de Economía y Hacienda, me encarga le agradezca en su nombre la confianza que demuestra al remitirle sus ideas y sugerencias para salir de la crisis económica, que como Vd. sabe, constituye una tarea prioritaria para el Gobierno.

Un saludo,

Eulogio González Torrecillas
Director de Programa

ALCALÁ, 9
28014
MADRID

Señor Cándido Méndez Rodríguez

Secretario General de la Unión General de Trabajadores (UGT)

S.S.G.

Yo, Armando Ramiro Jiménez Arana, Peruano, Ingeniero Industrial, con domicilio en Madrid C/. Josué Lillo Nº 11 Bajo "B" Vallecas, Teléfono Nº 914776873. Presidente de la Asociación de Peruanos Residentes Unidos - España Madrid (APERU-EM).

Señor Secretario General de la UGT, nuestra obligación como ciudadanos, conscientes de la realidad del país, es contribuir con un granito de arena, para unirnos en torno a los problemas salariales y económicos de los trabajadores y sus familias. Para hacer frente a las grandes empresas debemos plantearnos, elaborar un escalafón de sueldos y salarios, que haga más equitativa la distribución de las ganancias de toda actividad económica del país, que forma parte de un nuevo orden económico financiero, que nos saque de la mediocridad en la que vivimos. Ya que la mayoría de los habitantes del país es conciente que el sistema actual, ni responde a sus intereses, ni atiende a sus necesidades, por ello se requiere un cambio profundo en todos los factores que integran la actividad económica. El crecimiento económico debe ser con equidad, justicia social y creación de empleo.

Un cambio en la política económica para desterrar la corrupción y los abusos de los grandes empresarios, este nuevo orden debe defender los intereses de las grandes mayorías desprotegidas y no los intereses de las grandes empresas.

El cambio se debe llevar a cabo con un nuevo Contrato Social, base de la autentica democracia representativa y participativa, que cuente con legalidad y transparencia que carece la actual, que tiene un enfoque neoliberal, que recorta los derechos sociales de los trabajadores y las atribuciones del estado que carece de mecanismos de control y participación ciudadana, que lejos de ser un contrato social que abra paso al desarrollo y al progreso del país, perpetua y profundiza injusticias y desigualdades entre los trabajadores.

Pero las grandes empresas, quieren aprovechar la crisis provocada por ellas mismas, para aumentar sus ganancias a costa del hambre de sus trabajadores y el bienestar social, pidiendo despido libre de sus trabajadores, como si ellos tuvieran la culpa de esta crisis.

Las grandes empresas, en una crisis económica, pocas veces pierden, cuando muchos dejan de ganar, los únicos que siempre pierden son los trabajadores que pierden su sueldo y su trabajo.

Las grandes empresas haya crisis o no, lo único que piensan es despedir a sus trabajadores sin pagarles ningún beneficio.

En épocas de crisis de una empresa, un sector productivo, a nivel nacional o internacional; antes de comenzar a despedir trabajadores se debería rebajar los sueldos y salarios de toda la plantilla de los trabajadores, desde el nivel mas alto al mas bajo, en un porcentaje igual a la cantidad de los trabajadores de la plantilla que se quiere despedir, para que así todos contribuyan a la posible solución del problema (este porcentaje no debe pasar del 50%).

Señor Secretario General de la UGT, quizás estas sugerencias no caigan bien entre los miembros de la patronal (CEOE), pero como ellos tanto piden una reforma laboral que les beneficie y siempre hay que innovar se le puede sugerir este cambio.

Le adjunto copias de sugerencias hechas a los señores:

Señor Ignacio Fernández Toxo

Secretario General de Confederación Sindical de Comisiones Obreras (CC.OO)

S.S.G.

Yo, Armando Ramiro Jiménez Arana, Peruano, Ingeniero Industrial, con domicilio en Madrid C/. Josué Lillo Nº 11 Bajo "B" Vallecas, Teléfono Nº 914776873. Presidente de la Asociación de Peruanos Residentes Unidos - España Madrid (APERU-EM).

Señor Secretario General de CC.OO, nuestra obligación como ciudadanos, conscientes de la realidad del país, es contribuir con un granito de arena, para unirnos en torno a los problemas salariales y económicos de los trabajadores y sus familias. Para hacer frente a las grandes empresas debemos plantearnos, elaborar un escalafón de sueldos y salarios, que haga más equitativa la distribución de las ganancias de toda actividad económica del país, que forma parte de un nuevo orden económico financiero, que nos saque de la mediocridad en la que vivimos. Ya que la mayoría de los habitantes del país es conciente que el sistema actual, ni responde a sus intereses, ni atiende a sus necesidades, por ello se requiere un cambio profundo en todos los factores que integran la actividad económica. El crecimiento económico debe ser con equidad, justicia social y creación de empleo.

Un cambio en la política económica para desterrar la corrupción y los abusos de los grandes empresarios, este nuevo orden debe defender los intereses de las grandes mayorías desprotegidas y no los intereses de las grandes empresas.

El cambio se debe llevar a cabo con un nuevo Contrato Social, base de la autentica democracia representativa y participativa, que cuente con legalidad y transparencia que carece la actual, que tiene un enfoque neoliberal, que recorta los derechos sociales de los trabajadores y las atribuciones del estado que carece de mecanismos de control y participación ciudadana, que lejos de ser un contrato social que abra paso al desarrollo y al progreso del país, perpetua y profundiza injusticias y desigualdades entre los trabajadores.

Pero las grandes empresas, quieren aprovechar la crisis provocada por ellas mismas, para aumentar sus ganancias a costa del hambre de sus trabajadores y el bienestar social, pidiendo despido libre de sus trabajadores, como si ellos tuvieran la culpa de esta crisis.

Las grandes empresas, en una crisis económica, pocas veces pierden, cuando muchos dejan de ganar, los únicos que siempre pierden son los trabajadores que pierden su sueldo y su trabajo.

Las grandes empresas haya crisis o no, lo único que piensan es despedir a sus trabajadores sin pagarles ningún beneficio.

En épocas de crisis de una empresa, un sector productivo, a nivel nacional o internacional; antes de comenzar a despedir trabajadores se debería rebajar los sueldos y salarios de toda la plantilla de los trabajadores, desde el nivel mas alto al mas bajo, en un porcentaje igual a la cantidad de los trabajadores de la plantilla que se quiere despedir, para que así todos contribuyan a la posible solución del problema (este porcentaje no debe pasar del 50%).

Señor Secretario General de CC.OO, quizás estas sugerencias no caigan bien entre los miembros de la patronal (CEOE), pero como ellos tanto piden una reforma laboral que les beneficie y siempre hay que innovar se le puede sugerir este cambio.

Le adjunto copias de sugerencias hechas a los señores:

SEÑOR ANGEL GABILONDO
MINISTRO DE EDUCACION

S.M.

Yo, Armando Ramiro Jiménez Arana Peruano, Ingeniero Industrial, con domicilio en Madrid C/. Josué Lillo Nº 11 Bajo "B" Vallecas, con teléfono 914776873. Presidente de la Asociación de Peruanos Residente Unidos España-Madrid (APERU-EM), teléfono 914789617.

Señor Ministro, la educación es la base del bienestar socio-económico de un país y un derecho de toda persona, el gobierno esta en la obligación de impulsar la utilización de las nuevas tecnologías en la información, comunicación y en todos los niveles de la educación.

Con relación a Internet en el estudio de los alumnos, el gobierno debería dar apoyo a los alumnos que no tienen dinero para que puedan nivelarse con los alumnos de colegios particulares.

Primaria, un ordenador personal para los alumnos de los últimos años (promesa del Señor Presidente).

Secundaria (ESO) y Bachillerato, colgar en la red (Internet), los cursos mas difíciles para los alumnos, como matemáticas, física, química, etc. (principalmente ejercicios prácticos desarrollados, para que les sirva a los alumnos como ejemplo).

Superior, en las Universidades se deben instalar talleres o laboratorios de nuevas tecnologías, donde se analicen nuevos sistemas, para que los alumnos se pongan al día en el mundo informático y así ampliar y reforzar sus conocimientos fuera de clase, con casos prácticos referentes a su profesión (Sistema Casuístico).

Incluir en el curso de Educación para la ciudadanía un apartado, métodos de estudio desde primero de primaria hasta el último año de Bachiller, para enseñar a los alumnos a estudiar.

Devolver a profesor su capacidad de decisión en el aula y el reconocimiento de su autoridad que ha perdido ante los alumnos, padres y la sociedad.

Los profesores no tienen el tiempo suficiente para acabar sus programas académicos, ni mucho menos para comprobar si el alumno ha entendido la clase.

Muchas veces los alumnos salen de clase sin haber entendido el tema que el profesor ha dictado y así se va a casa, no tiene quien le saque de dudas que se van acumulando día tras día, al final abandona los estudios, repiten el curso, o si aprueban son mediocres y así van a la universidad, el resultado un profesional mediocre.

Entonces, el problema es, la falta de tiempo del profesor y del alumno que no tiene quien le saque de dudas en casa, para poder reforzar sus conocimientos, esto sucede con los alumnos tanto de colegios estatales como particulares. Pero los alumnos de colegios particulares pueden pagar un profesor o una academia para reforzar sus conocimientos, pero los pobres no pueden.

El gobierno debería crear un sistema audiovisual y difundirlo en la red (Internet) los cursos mas difíciles para que los alumnos recurran a él, cuando necesiten reforzar sus conocimientos sin necesidad de un profesor.

En colegio donde los alumnos son conflictivos, una pareja de policías, solucionaría en gran parte los problemas de disciplina de los alumnos, esta pareja actuaría fuera de las aulas, dentro del aula se nombraría dos alumnos como policías escolares (semanalmente). Los policías estarían en contacto con los padres de los alumnos por teléfono o personalmente cuando sea necesario. Ya que muchas clases se

Ministerio de Economía y Hacienda
REGISTRO GENERAL DE ALCALA
ENTRADA
N. de Registro: 34553 / RG 81486
Fecha: 28/08/2009 12:35:59

SEÑORA ELENA SALGADO
    VICEPRECIDENTA SEGUNDA
    MINISTRA DE ECONOMIA Y HACIENDA

S.V.

Yo, Armando Ramiro Jiménez Arana Peruano, Ingeniero Industrial, con domicilio en Madrid C/. Josué Lillo Nº 11 Bajo "B" Vallecas, con teléfono 914776873. Presidente de la Asociación de Peruanos Residente Unidos España-Madrid (APERU-EM), teléfono 914789617.

Señora Vicepresidenta, en estos momentos de crisis económica a nivel mundial, yo como Socialista preocupado por los más desfavorecidos, le digo:

Que en tres oportunidades, desde el mes de Julio de 2008 por diferentes vías, envié al Señor Presidente del gobierno,, José Luís Rodríguez Zapatero unas sugerencias de las cuales no he recibido respuesta, quizás por sus múltiples ocupaciones le es imposible atender todos sus asuntos, le envió el texto sin modificar.

Con relación a las gestorías administrativas, uno de los problemas del pago de impuestos, es el desconocimiento de las leyes departe de los contribuyentes.

La información que la Agencia Tributaria proporciona a los contribuyentes emplean un lenguaje poco accesible para la mayoría de los contribuyentes, borradores, propuestas, liquidaciones que hace hacienda da lugar a numerosos casos de confusión e indefensión al desconocer los ciudadanos a que se refiere esos documentos, entonces se ve obligado a acudir a un gestor o a un abogado que le cuesta dinero. En estos momento de crisis, despidos y falta de trabajo, las empresas despiden a sus trabajadores, contratan a sin papeles, a los cuales explotan y no pagan impuestos, ejemplo el reciente caso de la amputación del brazo del trabajador panificador. Pero en el caso de las familias o los trabajadores tienen que pagar sus impuestos a si no tengan trabajo.

En el caso de los Bancos y cajas de ahorros, el tener que llegar a todos los rincones o sectores de la población y, a la vez tener que disminuir el número de oficinas debido a la crisis, es una contradicción, que en estos momentos esta sucediendo. Por otro lado el tener que dar de baja a miles de empleados, aumentaría el paro y disminuiría los ingresos del estado, Seguridad Social y sobre todo de las familias. Prácticamente en este momento los bancos y cajas de ahorro están actuando sobre los costes, como el recorte de sucursales y personal, frenando los gastos para afrontar la fuerte recesión, adelgazando de un modo radical las estructuras y sobre todo la restricción de crédito.

Una de las soluciones seria la creación de Micro Centrales Financieras o Locales Multiuso sectoriales, particulares, en los que cada local albergaría diferentes entidades financieras como bancos, cajas de ahorro, empresas financieras, aseguradoras, empresas de viajes, etc. Cada una de estas empresas pagaría una cantidad varias veces menor del que costaría una oficina o agencia bancaria para la atención de su clientela.

Cada entidad financiera podría quedarse con una o dos oficinas en cada distrito.

Las oficinas y el personal dado de baja por las entidades financieras, serian tomados o absorbidos por estas nuevas empresas (Micro Centrales Financieras).

Estas empresas multiuso podrían ser una solución para el mundo de las finanzas en estos momentos de crisis.

Estas Micro Centrales Financieras, serian creadoras de empleo, además de absorber el personal despedido de los bancos y cajas de ahorro, tendrían que contratar

SEÑOR CELESTINO CORBACHO
MINISTRO DE TRABAJO E INMIGRACIÓN

S.M.

Yo, Armando Ramiro Jiménez Arana peruano, Ingeniero Industrial, con domicilio en Madrid, C/. Josué Lillo Nº 11 Bajo "B" Vallecas, con teléfono Nº 914776873.
Presidente de la Asociación de Peruanos Residentes Unidos-España Madrid (APERU-EM), teléfono 914789617.

Señor Ministro, como integrante de esta sociedad que esta pasando momentos difíciles pienso que lo primordial es mantener el empleo que es la fuente económica de todas las familias, innovar buscando la perfección en todo orden de cosas debe ser uno de los objetivos de este gobierno.

Señor Ministro, en tres oportunidades desde el mes de Julio de 2008 y por diferentes vías, envié al Señor Presidente de la Republica de España José Luís Rodríguez Zapatero unas sugerencias, de las cuales no he recibido respuesta, quizás por sus múltiples ocupaciones le es imposible atender todos sus asuntos, le envío el texto sin modificar.

Los sueldos y los salarios es uno de los elementos más importantes del proceso productivo, ya que influye mucho en los costes de producción, pero es el alma de toda economía domestica, por tal motivo dar unas remuneraciones justas a los trabajadores en todos los niveles, teniendo en cuenta sus estudios, especialización, riesgos de trabajo y tiempo de servicios, beneficia a las familias, al consumo, las ventas y a la producción. Por eso se tendría que confeccionar un escalafón de remuneraciones a nivel nacional y general para todos los trabajadores, que justifique en el sueldo o salario todas las cualidades de los trabajadores.

Las remuneraciones deberían tener una base y un nivel mínimo, el nivel mínimo nunca podrá ser menor que la base mínima (el nivel mínimo, podrá ser el de un salario de un obrero que recién comienza a trabajar sin experiencia y sin o con estudios primarios). Una base y un nivel máximo, el nivel máximo nunca podría ser mayor que la base máxima (el nivel máximo podrá ser lo que gane el Presidente de la Republica). La base máxima seria la que corresponda al Rey.

Las bases no variarían, salvo en un estado de crisis nacional e internacional, como la actual (a la baja) o en un estado de auge económico nacional bien prolongado en el tiempo (al alza). Los niveles mínimos y máximos, variarían según el momento económico que vive el país, podría tomarse como referencia, el Producto Interior Bruto (PIB) y sobre todo, con el Índice de Precio al Consumidor (IPC) mensualmente o anual. Este aumento o disminución de salarios o sueldos estaría dado por un ratio que lo elaboraría el Instituto Nacional de Estadística (INE).

MINISTERIO
DE EDUCACIÓN

GABINETE DEL MINISTRO

D. Armando Ramiro Jiménez Arana
MADRID

Madrid, 2 de septiembre de 2009

Estimado señor Jiménez:

En nombre del Ministro de Educación Ángel Gabilondo, le agradezco su carta y las sugerencias que remite para la mejora del sistema educativo.

No le quepa duda que, desde el Ministerio, nuestra máxima preocupación es la de una constante mejora en todos los ámbitos y niveles educativos, por lo que las propuestas que nos envían los ciudadanos, como es su caso, son valoradas con reflexión y con detenimiento.

Deseándole los mayores éxitos en su desempeño profesional, así como para la Asociación que usted preside, reciba un afectuoso saludo,

Ángel A. Santamaría Barnola
Asesor del Ministro

ASB/tbo/E2127

ALCALÁ, 34
28014 MADRID
TEL.: 91 701 81 21
FAX: 91 701 86 05

Att.: **Armando Ramiro Jiménez Arana**
C/Josué Lillo, 11, Bajo B
28053 Madrid

Madrid, 17 de febrero de 2010

Estimado amigo:

Le agradezco su carta y que me haya enviado copia de las que ha dirigido al Presidente del Gobierno, a la Vicepresidenta Segunda del Gobierno y al Ministro de Trabajo.

Creo que tiene usted razón en gran parte de las consideraciones que expresa. Efectivamente el crecimiento económico debe ser con equidad, justicia social y creación de empleo y se debe desterrar de la política la corrupción y los abusos de los grandes empresarios.

Aprovecho la ocasión para enviarle un cordial saludo.

Ignacio Fernández Toxo

Madrid, 25 de febrero de 2010

APERU-EM
D. Armando Ramiro Jiménez Arana
C/ Josué Lillo, 11- bajo- B
<u>28053 - MADRID</u>

Estimado amigo:

Le agradezco mucho sus observaciones sobre la crisis y la necesidad de un cambio en el modelo de crecimiento, que es un planteamiento central del movimiento sindical.

Como Ud. señala, las grandes turbulencias que vivimos, traducidas en un elevado número de parados, ponen en evidencia que se requiere una distribución más justa de la riqueza y un mayor control en la actividad de los grupos económicos y financieros para que la economía esté al servicio de los que tienen mayores necesidades.

Los sindicatos esperamos que esta experiencia traiga como consecuencia la introducción de cambios profundos en la política social y económica de la Unión Europea. Este debe ser también el objetivo de toda la sociedad.

Afectuosamente

Cándido Méndez
Secretario General

Señor Candido Méndez Rodríguez
Secretario General de la Unión General de Trabajadores (UGT)

Señor Secretario General

Yo, Armando Ramiro Jiménez Arana, Peruano, Ingeniero Industrial, con domicilio en Madrid C/. Josue Lillo Nº 11 Bajo "B" Vallecas, Teléfono Nº 914776873.

Señor Secretario General de la UGT, espero que no le molesten estos comentarios que al parecer son personales, pero en esta situación se encuentran la mayor parte de los trabajadores y no encuentran una salida satisfactoria.

El 28 de Octubre del 2000, ingrese a trabajar sin contrato laboral en la Comunidad de Propietarios Zurbarán Nº 16 Madrid, los días sábados, domingos y festivos, según carga horaria 16 horas semanales. Varias veces reclame por el horario de trabajo, ya que me hacían trabajar 22 horas semanales en vez de las 16 acordadas en mi contrato, sin pagarme las horas extras trabajadas, el reclamo no tuvo ninguna respuesta por parte de la empresa.

La respuesta llego a finales de Julio de 2001, cuando reclame vacaciones y la doble paga de Junio, con el despido del 1 de Agosto de 2001, seguramente por no pagarme vacaciones ni doble paga de Junio, ya que a finales de Agosto me estaban llamando para que vuelva al trabajo, diciéndome que me iban a pagar todos mis beneficios, pero como yo estaba trabajando en la empresa Jomermi S.L., que ya me habían dado de alta en la Seguridad Social, tuve que esperar hasta Octubre para regresar a mi anterior trabajo, pero pasaron los meses y no me daban lo que me habían prometido, hasta el 5 de Mayo de 2003 que me entregaron el primer contrato de trabajo, ya que era necesario para renovar mi residencia y trabajo, el 24 de Junio de 2004 me entregaron el segundo contrato, el 1 de Abril de 2005 el último contrato.

En Febrero de 2005, acudí a UGT, quienes me ayudaron a darme de alta en la Seguridad Social a nombre de la empresa.

El 27 de Octubre de 2007 el administrador me cambia el horario de trabajo, a un turno continuado: sábados de 8:00 a 22:00 horas y domingos y festivos de 9:00 a 21:00 horas = 26 horas semanales.
Después de varios reclamos por teléfono a comienzos de Enero de 2008, lo hice por escrito, y me contestó que ya me estaban pagando el almuerzo.

Señor Secretario General, el 05-02-2010, le remití unas sugerencias, sobre la crisis y le agradezco su contestación del 25-02-2010.

Pero cinco meses mas tarde despiden a dos hermanos, sin pagarle sus beneficios.
El 13 de Julio de 2010, decidí afiliarme a UGT para que no me pase lo mismo.

Le conté a un compañero para que se afilie también, pero seguramente le ha contado al administrador, porque el 17 de Septiembre de 2010 me despiden sin haber cometido ninguna falta, aduciendo bajo rendimiento en el trabajo.

Señor Secretario General, el 20 de Septiembre de 2010, presente un escrito para celebrar el Acto de Conciliación, en la Dirección General de Trabajo de la Comunidad de Madrid, dándome cita para el 21 de Octubre de 2010, en el acto no hemos llegado a ningún acuerdo. El mismo día 20 de Septiembre de 2010, presente un escrito de denuncia, en la Dirección Territorial de Inspección Provincial de Trabajo y Seguridad Social-Madrid.

Con estas dos copias de las denuncias, me presente a la FeS, para que me defiendan y me asignaron al abogado Señor José A. Serrano.

Señor Candido Méndez Rodríguez
Secretario General de la Unión General de Trabajadores
Señor Secretario General

29 - Dic. - 2010

Yo. Armando Ramiro Jiménez Arana, peruano Ingeniero Industrial, con domicilio en Madrid C/. Josue Lillo Nº 11 Bajo "B" Vallecas, teléfono 914776873.

Señor en este momento me encuentro sorprendido y confuso con respecto a la justicia y sus integrantes.

En la conciliación que se realizó el 21 de octubre de 2010, en la Comunidad de Madrid, me llama la atención que no se presente el señor José Antonio Serrano Martínez, sino un señor que no conocía.

Con la propuesta de la empresa, yo no estaba de acuerdo.

El día 17-12-2010, se celebró la conciliación ante el Secretario Judicial, a las 10:10 de la mañana en la Sala de Audiencias del Juzgado de lo Social Nº18, cito en la calle Hermani Nº 59 3ª planta de Madrid.

El jueves 9 de diciembre, me llamó por teléfono el señor Serrano, para ver todo lo referente al juicio. Cuando llegué él me dijo que no podía defenderme, sin decirme los motivos. Y me presentó al Señor Pedro Soto, me dijo que sería él que me iba a defender y que me llamaría al día siguiente viernes 10 de diciembre, para firmar un documento con relación al cambio de abogado, pero como no me llamó, me acerqué a la oficina el lunes 13 de diciembre, pero no estaban los abogados, la secretaria me dijo que yo vaya a la conciliación el día 17-12-2010, que el abogado también iría.

Pero tal fue mi sorpresa, cuando el día 16 de diciembre a las 3:00 de la tarde, me llamó el señor Pedro Soto para comunicarme que al día siguiente 17-12-2010, tenía que ir a la conciliación sólo, porque el no podía, al preguntarle porque, me dijo que no estaba enterado bien del caso, pero que estaría en el mismo edificio a la misma hora, pero en la planta 4ª, y que cualquier acuerdo al que llegue se lo comunique.

Los días 16 y 17 de diciembre del 2010, estuve mal con la cara hinchada y un ojo rojo, fuí al médico de cabecera y me aconsejo que fuera a urgencias del Hospital Gregorio Marañón, por este motivo no pude asistir a la conciliación, tengo el parte de urgencias.

Señor, mi sorpresa fue en aumento cuando el día 22-12-2010, recibo un escrito del juzgado de lo social Nº 18 que acompaña otro escrito del señor José Antonio Serrano Martínez, donde renuncia a mi defensa con fecha 13-12-2010, a cuatro días de mi comparecencia en el juzgado, sabiendo que el juzgado no me lo iba a comunicar hasta después del 17-12-2010.

El día 23-12-2010, recibí otro escrito donde dice que el señor Pedro Antonio Soto Fernández, quién a pesar que el día 16-12-2010 a las 15:00 de la tarde me dijo que me presente solo al juzgado, porque él no estaba enterado del caso y que pediría nueva fecha. Pero también, en ningún momento se confirmó por escrito que él sería mi defensor. Se presentó a la conciliación el señor Pedro Soto, con su comparecencia, había autorizado y aprobado el desistimiento de mi demanda.

En este escrito dice, se tiene a la parte actora don Armando Jiménez Arana por desistida su demanda. Llévese testimonio de la presente resolución a los autos, y una vez firme la presente archívense los autos sin mas trámites.

Señor, esta actitud canallesca de estos señores, deja claro, que del 100% de los pobres el 99% no tienen posibilidad de justicia y el 1% sí por ser familiares de los letrados; y del 100% de los ricos, el 99% tiene la justicia en sus manos, mientras que el 1% pacta con los letrados.